[英] 温斯顿 · 丘吉尔一著　　李国庆等一译

CHURCHILL'S MEMOIRS OF WORLD WAR II

丘吉尔二战回忆录

非洲的胜利

SPM 南方传媒 | 广东人民出版社
·广州·

图书在版编目（CIP）数据

非洲的胜利 /（英）温斯顿·丘吉尔著；李国庆等译. -- 广州：广东人民出版社，2024. 8. --（丘吉尔二战回忆录）. -- ISBN 978-7-218-17976-6

Ⅰ. K835.617=5；K152

中国国家版本馆 CIP 数据核字第 2024HD8330 号

QIUJI'ER ERZHAN HUIYILU · FEIZHOU DE SHENGLI

丘吉尔二战回忆录 · 非洲的胜利

［英］温斯顿·丘吉尔 著　李国庆等 译

出 版 人：肖风华

责任编辑：范先鋆　唐　芸
责任技编：吴彦斌
封面设计：贾　莹

出版发行：广东人民出版社
地　　址：广州市越秀区大沙头四马路 10 号（邮政编码：510199）
电　　话：（020）85716809（总编室）
传　　真：（020）83289585
网　　址：http://www.gdpph.com
印　　刷：三河市人民印务有限公司
开　　本：787 毫米 × 1092 毫米　1/16
印　　张：11　　　**字　　数**：162 千
版　　次：2024 年 8 月第 1 版
印　　次：2024 年 8 月第 1 次印刷
定　　价：58.00 元

如发现印装质量问题，影响阅读，请与出版社（020-87712513）联系调换。
售书热线：（020）87717307

《丘吉尔二战回忆录》 译者

（排名不分先后）

李国庆　张　跃　栾伟霞　曾钰婷　刘锡赟　张　妮
李楠楠　汤雪梅　赵荣琛　宋燕青　赖宝滢　张建秀
夏伟凡　王　婷　江　霞　王秋瑶　郑丹铭　姜嘉颖
郭燕青　胡京华　梁　楹　刘婷玉　邓辉敏　李丽枚
郭轶凡　郭伊芸　韩　意　李丹丹　晋丹星　周园园
王瑨珽

战争时：　意志坚定

战败时：　顽强不屈

胜利时：　宽容敦厚

和平时：　友好亲善

致谢

我必须再次向协助我完成前几卷的各位致以友好的谢意；他们是陆军中将亨利·波纳尔爵士、艾伦海军准将、迪金上校、爱德华·马什爵士、丹尼斯·凯利先生和伍德先生。我也再次向审阅过原稿并提出宝贵意见的其他人士表达最诚挚的谢意。

伊斯梅勋爵和其他朋友也不断给予我帮助。特此致谢！

撰写本卷①所需的某些官方文件王家版权归英王陛下政府文书局局长所有，承蒙英王陛下政府准许，这些官方文件的文本才得以复制，特此致谢。遵照英王陛下政府的要求，为了保密起见，本卷中所刊载的某些电文有所改动。但是这些改动并未改变原有内容。

美国海军预备队塞缪尔·埃利奥特·莫里森上校所著关于海军战斗的一些书生动展现了美国舰队的作战行动，我在此也要向他表示谢意。

罗斯福财物保管理事会允许在本卷中引用总统的一些电文，还有其他好友同意发表其私人信件，均一并致谢。

① 原卷名为“命运的转折”，现分为《陈兵太平洋》《进犯南亚》《攻守易形》《营救非洲》《非洲的胜利》《形势逆转》六册。——编者注

前 言

就我亲眼所见，在“铁血风暴”“最光辉的时刻”和“伟大的同盟”各卷①中我曾讲述过引发第二次世界大战的几个重大事件：纳粹德国征服欧洲，德国进攻苏联、日本对美国发动猛攻后才使得苏联和美国成为我们的盟国，我军才不再孤军奋战。

岁末年初之时于华盛顿，我和罗斯福总统在海陆军顾问的支持下宣布建立伟大同盟，并为未来作战制定主要策略。现在我们必须应对日本的进犯。

这就是 1942 年 1 月 17 日，我刚刚抵达普利茅斯的情况，本卷（《陈兵太平洋》《进犯南亚》《攻守易形》《营救非洲》《非洲的胜利》《形势逆转》）所要讲述的内容也由此开始。本书依然从英国首相的立场出发，同时因我兼任国防大臣而在军事上负有特殊使命。另外，我仍然倚重一系列的指令、电报和备忘录，这些材料在成文的时刻具有重大意义和利害关系。我也想不出更好的言辞去重述。这些原始文件都是在紧急事件发生时由我口授的，既出自于我手，我希望大家可以通过这些真实材料来评断我的功过。事后诸葛亮很容易，但我还是希望历史学家能深思熟虑，在适当的时候给出一个评价。

我之所以把这一卷称为“命运的转折”，是因为在这一时期我们从接连战败变得战无不胜。在前六个月中，诸事不顺；但在后六个月中，一切顺利。而且，这一可喜的转变一直持续到了战争结束。

温斯顿·丘吉尔

于肯特郡，韦斯特勒姆，恰特韦尔庄园

1950 年 1 月 1 日

---

① 现分为十四册。——编者注

目录
CONTENTS

第一章
ONE
不安与紧张

难熬的过渡期——一系列的灾祸——战时内阁的团结和强势——斯塔福德·克里普斯爵士批评我们的战争方式——我与他的争辩——他希望辞去在政府中的职务——我的同僚劝他推迟辞职时间——他决定留任到战役结束——他改任飞机生产大臣——政府内部相应的职位变动——四大国计划——我希望成立欧洲合众国

虽然我们在地中海两端的重大作战计划均已确定，而且各项筹备工作也正在推进，但是这段等待的时间却是压抑而又极度紧张的。内部知情人在担心接下来会发生什么事，而不了解内情的人则担心什么事都不会发生。

我执掌政务迄今已有二十八个月。这段时期，我们在军事上几乎是节节败退的。熬过法国沦陷、英国空袭，最终生存下来，而且我们的国土未遭到入侵，埃及也未落入敌手。我们虽一息尚存，但仍旧处境艰难；不过，也就如此而已。有多少灾难降临在我们身上啊！达喀尔惨败，从意大利手中夺来的沙漠地区已完全丧失，希腊的悲剧，克里特岛失守，对日战争令人难以释怀的挫败，香港沦陷，美、英、荷、澳战区的广大土地落入敌手，惨遭蹂躏，新加坡惨败，日军占领缅甸，奥金莱克在沙漠中战败，托布鲁克投降，以及被判作失败的迪耶普战役——在我们的历史上，这些都是从未有过的一连串灾难和挫折中最令人痛心的环节。如今，我们已不再是孤军奋战，而是与世界上最强大的两个国家结盟，一起并肩拼搏，这确实能保证我们获得最终的胜利。但是，致命危险消除后，人们会更加随心所欲地指责。因而，我负责的战争指挥工作的整体方针和方法遭到质疑和反对，这也不足为奇。

有一件事的确引人注意：在这段前景黯淡的间歇期，没有人把我轰下台或者要求我改变方针，大家也都知道这些是我绝对不接受的。如果我被迫辞职，一大堆灾难的责任就落在我肩上，我将带着这些责任从政治舞台上消失。而最终的胜利之所以来得这么迟就会归因于我辞职太晚。的确，战争的整个格局即将改变。从此以后，我们注定要取得越来越多的胜利，这种胜利不是一次战事失利便能转圜的。虽然战争漫长且又艰难，还需要各方面艰苦努力，但是我们已经到达巅峰了，不仅很有把握走向胜利，而且事实上，在这条道路上也一直伴有令人振奋的事件发生。在大战的这一新阶段，我并没有失去参与其中的权利，这是因为战时内阁的团结和强势、同僚对我的充分信任、议会坚定不移的忠诚以及全国人民始终如一的善意。所有这一切都表明我们在人事方面有多幸运，而且我们根本无须担忧任何事情，仅需全力以赴。

我身边很多或亲或疏的知名人士深刻地体会到这两个月来的紧张局势。一位极有分量、能力突出的自治领高级专员给我写了重要的信，这封信在我们指定的范围内传阅过。开头写着："丘吉尔先生传递出的情感价值毫无疑问非常了不起，但是……"紧接着列举了很多我失败的例子，提出很多建议让我交出权力以减轻负担。

*　　*　　*

我的朋友特伦查德勋爵，同我相识、共事已超过二十五年。他写了一份十分有影响力的文件，其中提出了实施集中轰炸的主张，同时还送给我一份副本：

> 我们和美国人正在组建大军（仅美方也许就有六百万到八百万人）。这些军队不仅需要大量物力和工业上的人力维持，还需要大量商船运送物资及其他护航船只（和飞机）。

盟国是否有充足的资源装备这些军队，这些资源在遇到挫折和大量消耗时能否继续维持激烈的战斗，也是有疑问的。

时间紧迫，我们又正处于需要抉择的时刻。风险在于我们打算兵分两路，同时我们的空军不可避免地卷入宏大的作战计划，在空战和陆战两方面持久作战。

我国将在今年或明年加入欧洲大陆的地面战争，这会对德军大有好处——重演1914—1918年的战争。这会让敌方将手中保留的大量兵力，也就是德国陆军，调来对付我们。而我们对德优势在于空军——英美联合空军……

相对于火药和现代化的战舰的出现，现代战争在战术上的变革要大得多。空军力量在日益增强。自1939年以来，空军迅速发展。如今的炸弹和轰炸机与战争刚爆发时所使用的已大不相同……

英美空军日益壮大。如果我们将力量集中在一项能实现且能很快实现的政策方面，那我们的武器力量就会发挥出无穷的威力……

采取以陆军制胜的政策，会极大耗损人力物力。而空军是新的领域，在军事科学方面是有力的武器，已经为盟国提供了一种伟大的新的制胜途径。如果我们决心集中使用空军力量，不但能拯救几百万人，还能将战争缩短数月，甚至数年……

既然敌人能用“坦克闪电战”征服波兰和法国，那么我们也能采取“轰炸机闪电战”粉碎德国……

最后，执行这项政策要求有一位首脑为最广义的欧洲军事战略理论负责，当然还需要一位三军参谋代表协助。至关重要的是，这位司令官必须相信他的武器，即空军力量，也必须拥有丰富的指挥经验。这样的人为数不少。

1942年8月29日

*　　*　　*

虽然人人都自夸自己的东西好，但我还是认为像特伦查德勋爵这样的权威人士写的报告非常重要，因此我派人将它印刷出来，连同空军中将哈里斯所写的类似文件一并交给战时内阁和三军参谋长传阅，并附上以下说明：

> 我本人既不赞同，也不采纳这些意见……然而由于这些文件措辞有力，我觉得同僚们或许会感兴趣。这些文件也有力回应了指责轰炸政策无效的人士。

我给特伦查德勋爵写了下面这封信：

> 首相致特伦查德勋爵：
>
> 你的文件颇为有趣，十分感谢。你或许有所耳闻，我拥护轰炸机司令部，而且也在竭尽全力、千方百计地巩固它，防止它受到无理侵害。
>
> 我承认你论证有力，也很钦佩你这一点，但我认为你夸大事实，反而于事无补。你的观点偏颇，无论在国内还是美国，都没有多少人赞同。可是我非常希望能对所谓关于“滥炸德国”的抨击以及多地发起的诋毁轰炸的运动进行驳斥，因此同处理空军中将哈里斯最近的文件一样，我将会把你的文件递交战时内阁以供传阅。
>
> 至于文末一段，不让同一人同时担任行政首脑和战争总指挥，这在任何国家都十分困难。虽然罗斯福先生和斯大林主席都没有任何军事经验，也未曾受过训练，但他们分别兼任美国和苏联的行政首脑和总司令。在我们自己的国家，将宪法规定的主要权力机构和对战争的全部指挥权分开更加困

难，因为指挥战争的权力机构等同于民族的命脉与福祉。选拔一位空军人员，再授予他全权，命令他取胜，这当然也是一种做法，但我想知道你们想没想过这可能引发的后果。他肯定很难和其他两个兵种相处。再加上各盟国采用的制度各不相同，他在与盟国相处时也会遇到困难，尤其是美国，因为美国严格遵守“空军仅是附属单位”这一理念。而且他在与下议院、内阁以及所有类似机构的相处过程中也可能会存在困难。然而，如果找到合适的人选，让他兼任首相，那么许多诸如此类的难题就能迎刃而解。假如你能说服我这种解决办法能让我们迅速取胜，我会十分乐意让位给他。我是否对于你心目中的人选要求过高？你说这样的人不在少数。我还不知道我们军中如此人才济济，有大批军官已在本次大战中出任司令，而且在空军方面也与你看法一致，还能为“最广义的欧洲军事战略理论负责”。

祝万事顺利。

1942 年 9 月 4 日

9 月 8 日，特伦查德给我回信：

……我的文件并不是为您所写，因为我很清楚，您迫切想要在德国打击我们主要的敌人。我是写给某些人的，我认为像我这样的纯粹局外人的意见也许能影响到他们……

您完全误会了我文末一段话的意思。我并不是说行政首脑不承担指挥战争的主要责任。我从没这么说过，也从不这么认为。我想表达的是下面这个意思：在许多报纸和讨论中，有人曾提议任命一位欧洲总司令——像马歇尔和韦维尔那样的人，我想反对的是“必须由陆军将领担任这一职位”的观点。假如空军是主导力量，能给我们带来胜利，为什么非得由陆军将领担任总司令？现在既然知道决定战局的是空军，

那为什么要基于陆军制定战略呢？

*　　*　　*

然而，对我们战争方式批评得最为严厉的当属掌玺大臣斯塔福德·克里普斯爵士。身为下议院议长，他的职位极其重要，肩负着向下议院解释我们接连战败和遭遇挫折的重担，而且他也确实熟练、忠诚地履行了自身职责。在这段苦闷的间歇期内，如果克里普斯同我关系恶化，那将会引发一场政治危机。因此，8 月底我从国外归来时，发现他对全国人民的士气以及指挥作战的中央政府机构的效率产生了严重怀疑，我对此深表关注。在国内舆论界，他发现沮丧和不满的情绪广泛存在。他认为，工人们一旦听闻他们竭尽全力生产出来的武器依然无法满足利比亚方面的需要，就会感到无可奈何，灰心丧气；有制造新型武器、设备的想法的科学家和技术人员得不到鼓励；官员办事拖延，优柔寡断，委员会数量激增却浪费资源，这一切让商人极为恼火；三军官兵因领导不力而苦恼焦虑。因此，在克里普斯爵士看来，当务之急是为大英帝国人民注入新的精神、活力、热情以努力杀敌。为此，他提议改组一系列政府机构。我本人完全赞同其中的某些方案，也已经付诸行动，并力求实现。但是，在作战技术指挥这一主要问题上，我同掌玺大臣的观点截然不同。他确实没有建议罢免我或撤我的职；相反，他建议，我身为国防大臣应有三位顾问从旁协助，他们应有三军参谋长那样的才干，监督联合计划委员会，并能自由地将全部时间投入宏观军事计划的制订。这三位人士将组成独立的作战计划局，不断核查所有作战战略，深思未来各项作战计划，为此他们将取代参谋长委员会。每一战区设立一名司令官，负责全权指挥海、陆、空军，直接对作战计划局负责，并由小型联合参谋处担任他们的顾问。简单来说，即国防大臣本人应作为最高统帅，直接指挥遍布世界各地的陆、海、空三军。这样一来，从国防大臣起，自上而下，所有深谋远虑、计划部署以及行动将形成一条完整的、环环相扣的链条。

这事实上只是计划者的幻想。新作战计划局独立负责筹划，同时只是全权负责指挥和调控，能自由且专注地工作，而不会像三军参谋长在管理指挥军队时那样，因日常事务分心。这些五花八门的事务仍由三军参谋长以及参谋人员个人或集体负责，而制定战略和计划则由最高统帅部独立负责。我觉得这种二元制度是不会成功的；于是针对掌玺大臣的提议，我满腔热忱地发表了意见，断定这些提议在理论方面讲不通，而且在实际中不可行。在我看来，作战指挥的指导性原则是作战计划应由有权执行该计划并为此负责的人制定。目前的制度是从惨痛的实践经验中慢慢发展出来的。参谋长委员会及其附属机构完全能满足拟定三军计划的需求，在这些机构中，凡是负责执行计划的人会聚在一起，共同拟定他们负责实施的计划。而设立一个与负责作战的参谋部分离开来的作战计划局，从原则上看就是错误的，因为这就设立了对立的两个机构，一个需要负责，另一个无须负责，但在名义上这两者的地位又是相同的。这会使大臣们时常需要忽视其中一个机构的意见，也会立即直接引发严重的摩擦。一位加入作战计划局的海军将领是否有权告诉海军大臣如何调动舰队，还是一位在作战计划局任职，具有"同等才干"的空军将领是否能含蓄批评空军参谋长？这种制度与生俱来的危险与矛盾显而易见。如果不负责执行计划的话，任何聪明人都能为赢得一场战争制定出一些计划。只要负责制定计划的参谋人员的确在地位方面是负责执行计划的三军首脑的下级，就应当鼓励他们发挥这样的聪明才智。但是，我不愿意让一个有名无实的智囊团随便浏览我们的机密，也不准备在各种委员会和报告已经非常多的情况下，再增添一个这样的机构，收取他们的报告。处理这些事务的长期经验教导我，国防大臣必须与负责的顾问，即那些可以执行决议并对其结果负责的军事长官们一同工作，并且经由他们展开工作。在本次和上次大战中从未有过这么一段时期，首相和三军参谋长间的关系和谐融洽，对于采取决议的看法也完全一致。既然如此，那我何必要收回对那些我认为是现在三军中最优秀的职业顾问的信任，而信任那些不但责任较少，而且能力也较差的军官们？认为有大量军官具

有“同等才干”，能履行三军参谋长的重大职责，这是不切实际的幻想。

我以这些及其他类似论点同掌玺大臣据理力争，希望他同意我的观点。这些严肃的讨论占了9月大部分的时间。但我并没有说服掌玺大臣，9月21日，他暗示我说，他觉得有责任辞去他在政府中举足轻重的职位，他还说到自从自己从印度回国，觉得我不需要他帮助了，而且发现在很多问题上，已经越来越摸不清我的想法，而作为下议院议长，他应当非常清楚这些问题的。他十分忧心战争局势，而且鉴于局势近几个月的发展，以及战时内阁所有成员身上肩负的沉甸甸的责任，他迫切想知道我对未来的看法。对此，我答复道：

亲爱的克里普斯：

收到你的来信，我感到诧异，也有些许痛心。自七个月前你走马上任以来，我确实没有察觉到我们的关系出现了变化。8月初我出差时，以为我们相处得非常融洽。从那时算起，已经过去七周了，而在这段时间里，几乎有整整一个月的时间我都在外出差，后来你也出差了，一个多星期后才回来。除内阁会议（在过去二十四小时中举行过三次会议，历时六个半小时）外，我一直在尽我最大的努力多见见主要的同僚们。我一直觉得我们的谈话是愉快又激动人心的，希望你能在想见我的时候随时来。

关于你好意送给我的另一份备忘录，其中论及了我竭尽全力完成“领导政府、指挥战争”的任务所用的整套现行制度和方法（不论是好是坏）。从这份备忘录中可以看出，没有人比你更清楚，你所写的全部内容都是有争议的。在这些问题上，我有自己的看法，这源于我长期的经验和肩负的重大责任。换一个人做法肯定不同。

我无意在此与你争论，争论起来就会无休无止；但我确信，如果你同第一海务大臣密切合作，像我和他那样在巨大的战争压力下合作，你就不会低估他的智慧、知识和缜密的心思。的确，我不得不说，因海军部的功绩，我们才得以生存下来，而我觉得你对海军部未免有些刻薄。

你问我如何看待未来。我对未来抱有希望，并且确信对此坚信不疑。完全符合你的看法并经我们一致同意的大规模作战行动即将到来。我们必须坚忍不拔地熬过战争的拖延，等待结果。我本人觉得等待比作战还要难熬，所以能充分理解你所说的不安。

你的挚友

温斯顿·丘吉尔

1942 年 9 月 22 日

尽管写了这封信，但我意识到他再也不会完全信任我，也不能长期作为战时内阁的同僚肩负起他那部分的所有责任。我清楚地知道，如果他因此辞职，紧接着便会爆发激烈的政治论战；虽然我决意面对此事，但不希望论战在非洲的一切都悬而未决的时候发生。战时内阁中的几位同僚力劝他考虑一下，鉴于行动的决定性时刻越来越近，在这一节骨眼上提出辞职是否会损害公共利益。尽管很明显，如果我们能在即将到来的北非战斗中取得胜利，我的地位定会得到巩固，而他的地位则会相应削弱。最后，他还是受爱国精神的驱使，没有在这时辞职。

我尊敬的首相：

依照昨天见您时许下的承诺，我写信给您，谈谈我在内阁的任职问题，我们最近几天一直在探讨这一问题。

您并没有说服我，让我相信我针对作战的指挥问题提出的那些改革是不必要的。我深信，如果要充分发挥出我们的作战潜力，那么这一类型的改革必不可少。

倘若不是您与其他同僚让我注意到的这些特殊情况，我

便会因为上述信念请求您把我的辞呈转交给国王陛下。

然而，由于您说的话，我充分意识到，对于国家和政府而言，这是最紧张的时期之一。显然，鉴于这种情况，在这段尤为关键的时期里，任何有可能透露作战指挥存在不团结或分歧的事情，都应予以避免，否则会扰乱我方士气，或增加我们在国际上遇到的困难。

对我而言，这些临时的想法让我先前的建议变得没有必要。因此，我决定为了接下来的战斗能顺利进行，有关我在战时内阁的职位问题，我有责任推迟采取下一步行动，至少等到这些战役顺利进行之时再作打算。

只要时机一到，我便会重提这一问题。

我确信，无须多言，在此期间，我定会千方百计、竭尽所能地协助您，而且会无论何时何地都竭尽全力地支持您。

附言：我已请安东尼·艾登和克莱门特·艾德礼读过这封信，并已告诉战时内阁其他阁员我行动的总方针。

1942 年 10 月 3 日

我亲爱的斯塔福德·克里普斯：

我确信你的决定是正确的，即至少等到我们一致通过的那些大规模战役（按你所说）顺利进行时，再提交辞呈。当前，你辞去公职的讨论必定会妨碍到公共利益和英美军队的安全。况且，我很难做到既参加讨论，又不说出任何能让敌人可能从中得出结论的话。你完全有权利过后再解决我们之间的分歧。同时，对于你保证会在讨论暂停期间竭尽全力予以协助这件事，我表示十分感激，也定会倾尽全力报答你的帮助和恩惠。

1942 年 10 月 3 日

*　　*　　*

结果，斯塔福德·克里普斯爵士并没有完全退出政府。虽然他不再愿意承担战时内阁成员的全部职责，但我很急切地想在政府其他部门给他寻找职位，以继续发挥他的才干和精神。11 月，非洲战事顺利发动时，我说服他担任飞机生产大臣，在这一职位上，他的办事技巧和效率日益提高，一直任职到本次大战结束。在这艰辛的三年中，他作为飞机生产大臣，忠诚奉公，办事得力，我很高兴能借此机会对他表示感激。我曾在这本书中其他地方说过，不承担具体部门工作的大臣议论别人的工作时总是很得意。对于斯塔福德这样的因行政经验不足难以发挥出众才智，却拥有崇高理想和高超理论阐述能力的人来说，这种活动形式具有强烈而危险的吸引力。但他的聪明才智需要用在更为实际的工作上；他任飞机生产大臣取得的成就同任掌玺大臣时遭受的挫折一样，只会让我更懊悔，他本应拒绝我最初的提议，而应在一开始进入政府工作时就出任军需大臣。

*　　*　　*

如果写到这里，我不按事件发生的时间顺序记录下 11 月底内阁的其他必要变动，以此来完成这一部分的记叙，这也是方便的。我一直认为需要在华盛顿设一位驻美大臣，处理和美国政府之间的大量供给问题，这些问题最好能在大臣级官员层面解决。卢埃森上校欣然同意将飞机生产大臣一职让给克里普斯爵士，并前往华盛顿担任驻美大臣，承担起这份责任重大的工作。原来身负重任的上议院议长克兰伯恩子爵改任掌玺大臣，并将其殖民地事务部的职务让给愿意放弃军事工作、回到内阁任职的奥利弗·斯坦利上校。艾登先生同意除担任外交大臣外，兼任下议院议长。

斯塔福德·克里普斯爵士改任飞机生产大臣后，空出的战时内阁

职务由赫伯特·莫里森先生填补。莫里森先生之前担任过内政大臣和国内安全大臣，他曾用自己卓越的管理能力，改编我们的民防组织，使其得以应对1940年和1941年的各种挑战；现在他拥有更多机会来施展政治才智了。战时内阁的同僚们非常高兴在内阁会议上有他相助。

*　*　*

国内政治局势紧张。我在审查外交部同美国国务院所起草的战后世界政府的提议中找到了些许慰藉。10月，外交大臣向战时内阁提交一份题为“四大国计划”的重要文件，供阁员传阅，根据这份文件，最高指令会由英、美、苏、中组成的委员会下达。很高兴能将我本人对这份文件的看法记录在下列备忘录中。

首相致外交大臣：

1. 虽然公务繁多，压力大，我仍会尽力回复。挑选出这四大国听起来轻而易举，但我们还不知道要面对怎样的一个苏联以及它会提怎样的要求。也许过些时日我们会弄清楚。当然美国必定会想方设法拉拢不具备资格的国家，通过变相合法手续赋予他们投票权，让他们为自己投票，瓦解不列颠的海外帝国。

2. 必须得承认，我的思想主要停留在欧洲方面——恢复欧洲作为现代国家和现代文明之母的荣耀。虽然现在还很难说，但我相信，欧洲大家庭会在欧洲委员会的领导下团结起来，采取一致行动。我期盼成立一个欧洲合众国，在其内部，国与国之间的界限将大大缩减，不受限制的跨国旅行将成为可能。我希望能看到，能将欧洲经济作为一个整体来研究。我希望能成立一个大概由十个单位组成的委员会，成员包括之前的各大国，以及斯堪的纳维亚、多瑙河地区、巴尔干各国等若干联盟，该委员会拥有国际警察，并担负起禁止普鲁

士拥有武装的职责。当然，虽然我们必须在诸多方面、在最重要的方面同美国合作，但欧洲才是我们首要关心的对象。而且，我们的确也不希望，在瑞典人、挪威人、丹麦人、荷兰人、比利时人、法兰西人、西班牙人、波兰人、捷克人和土耳其人有亟待解决的问题而渴求我们援助时，以及努力想让世人听到他们的声音时，被苏联人和中国人拒之门外。想要详谈这些问题其实非常容易。可惜的是，你我都要先集中精神为这场战争绞尽脑汁。

1942 年 10 月 21 日

* * *

就这样，我们走向了伟大的战争高潮，生死成败都在此一举。

第二章

TWO

苏联致谢

决心援助苏联——英美空军支援苏军南翼："天鹅绒"作战计划——"火炬"计划后有望恢复北极运输船队——苏联的不信任和报纸宣传——苏军的英勇战斗——德军未能占领油田——斯大林格勒的诱惑——希特勒将哈尔德革职——苏军大规模反攻——钳形攻势的两股兵力会合——德国第六集团军难挽覆没命运

我从莫斯科回到英国，并决心全力援助苏联。显然，即将到来的冬季战役将会成为东部战线的最大危机，苏联顿河流域的南侧和高加索地区将会成为战场，而夺取巴库油田并控制里海地区则会成为德国的直接目标。斯大林坚信自己会赢，这让我十分感动。而且我在克里姆林宫时已从他口中得知，他已经筹划了大规模的反攻行动。对于此次大规模战斗，我们起不到什么作用。我们必须不惜一切代价、通过各种方式向苏联提供物资。我们必须维持北极运输船队并扩建横贯波斯的铁路。我们唯一能向苏联直接提供的军事援助是向里海地区派遣一支强大的英美空军。然而，即便是这一援助，也必须要等到西部沙漠地区获胜之后才能进行。在此期间，为该援助所做的一切准备工作都将以"天鹅绒"计划的名义进行。

我一回国便向罗斯福总统正式提出了这项计划。

前海军人员致罗斯福总统：

1. 我们必须将在苏军南翼部署一支英国空军并随后派驻一支美国空军的计划，作为一项同苏联合作以及保卫波斯湾

油田的长期政策。主要理由如下：

（1）为了全面加强苏联空军的力量。

（2）为了设置前沿防卫地带，保护我们在波斯和阿巴丹的一切利益。

（3）为我们与苏军之间的战友情谊增加道德影响——这种影响远非兵力支援所能及。

（4）因为这不是分散兵力，而是更加集中兵力以实现盟国空军的最高目标，即通过每日与德国空军作战，消耗其实力。

2. 我们曾在往来信件中多次提及这项政策，您也曾在原则上多次表示赞成。基于这些情况，我在与斯大林会谈时，已经向他承诺英王陛下政府将会遵从总方针，并表明您也对此事很感兴趣。总统先生，我现在向您递交一份正式草案，或许您愿意针对这份草案告诉我您的决定。草案内容如下：

（1）提议向外高加索派驻一支英美空军，以帮助苏联陆军和空军守住高加索山脉和黑海海岸的战线。一旦西部沙漠地区的形势允许，我们将立即从埃及前线抽调所需空军，并在两个月内在巴库—巴统地区集中。

（2）我们已将该建议的大致内容告诉斯大林主席，他欣然应允并且指出，应当进一步研究该计划的细节。帝国总参谋长、特德空军中将和伏罗希洛夫元帅对该计划进行了讨论，并一致同意立即进行联合计划和筹备工作，同时还建议盟国空军代表针对此事去一趟莫斯科。

3. 经美国同意，我们预计抽调的兵力包括以下部队：八个近程战斗机中队、一个远程战斗机中队、三个轻型轰炸机中队、两个中型轰炸机中队、一个美国重型轰炸机大队，可能将来还会有一个普通侦察机中队。

4. 由于没有良好的地面交通设施，我们难以维持这支部队。因此，我们必须借助大量的空中运输。我们认为，至少

需要一支由将近五十架飞机组成的美国运输机大队才能实现这个目的。

5. 因此，我们建议美国派出目前驻在埃及的一个重型轰炸机大队，以及一个目前尚且不能在中东地区使用的运输机大队。该轰炸机大队需要配备充足的飞机和受过训练的飞行员以补充损耗。另外，最重要的是，我们应当全力保证，至少让将按计划调往中东的第一线和补充的飞机和机组人员，以及满足美国驱逐机大队及中型轰炸机大队所需的最低限度的维护部队，按规定日期在埃及做好作战准备。即便隆美尔已被逐出昔兰尼加，我们负责的埃及空中保卫工作以及守卫西部沙漠漫长交通线的任务依然十分艰巨。此外，我们还必须要预想到高加索地区的损耗率将会很高，这不仅是由于空战导致的，还因为当地交通条件恶劣，维修设备匮乏，因此及时拨给英国皇家空军足量的美国战斗机，供其在埃及使用也极为重要。

6. 虽然这支空军必须主要依靠苏军力量来保卫它的基地和交通线，但我们应当做好派遣轻型高射炮部队前去保卫机场的准备，或许还应派遣工兵部队前去机场工作。

7. 由于这支空军的地勤人员只能靠消耗从波斯湾航线运往苏联的物资来集结和维持，因此，在飞机能有效开展行动的前提下，地勤人员越少越好，这一点很重要，因为这样才不会严重消耗这批物资。为集结这支地勤人员，我们将经由伊拉克和高加索之间的铁路和海上交通线运输一万两千人、两千辆车辆和四千吨物资。假设苏军可以供应汽油和润滑油，那以后维系空军每日所用物资不会超过二百吨，且大部分通过空运供应。

8. 虽然苏联最高司令部将在战略上指挥这支空军作战，但这支空军的性质并不会发生变化，它仍是英国空军军官领导的盟军部队，且有权向自己的政府提出请求。

9. 我们应当将上述事宜作为向英美空军军官组成的使团发出指示的基础。我们应立即派遣该使团前往苏联，以便同苏联联手，共同进行必要的计划工作以及实际准备工作。此事尤为迫切和重要，必须立即着手进行，不得拖延。

1942 年 8 月 30 日

总统此时正忙于国会选举，他作了简短答复，内容如下。

罗斯福总统致首相：

关于您的来电，我会在周二之前告诉您我的看法。您的提议正合我意，我完全赞同，也会竭力促使该计划与其他作战行动相配合。

我们也正在研究波斯铁路的问题，并将向您提出建议。

1942 年 8 月 31 日

我们应竭力向斯大林方面派遣运输船队，此事让我感到非常焦虑。

首相致第一海务大臣：

1. 的确，没有人知道，像“火炬”那样的计划一旦开始执行，能带我们走多远。尽管如此，我们现在就应制订计划，以便在 10 月底或 11 月初恢复 P. Q. 运输船队。“火炬”计划所造成的损失或取得的重大而有希望的进展，或许能迫使或诱使我们将所有兵力集结在地中海地区。但一切要到战争结束时才会明了，届时我们唯有接受结果，根据结果采取行动。

2. 关于“火炬”计划会影响到 P. Q. 运输船队一事，我曾在与斯大林的谈话中向他暗示过，且已记录在案。尽管如此，我还是认为，在这一紧要关头告诉他此事是极为错误的，因为这就相当于告诉他，他在今年 9 月份收到我方派遣的运输船队后，就再也得不到任何援助了。因此，我们应从美国

总统方面获取最大程度的援助，并推进实施 P. Q. 计划，直到（或除非）我们迫于主力部队的关系不得不放弃这些计划。我仍旧认为，我们或许有方法继续派遣运输船队。但如果没有办法，我们就要有充分的理由说明我们不能这样做。

1942 年 8 月 26 日

9 月初，又有一支北极运输船队起航。我将这一行动通知了斯大林。

首相致斯大林主席：

1. P. Q. 第十八号运输船队的四十艘船已经开拔。由于我方重型舰只不能进入以海岸为基地的敌军飞机的航程内，因此，我们配备了一支强大的驱逐舰部队，以应对敌军海面舰只可能在熊岛以东向我方船只发起的袭击。为帮助船队抵御空袭，我们在运输船队中增派了一艘刚刚建成的辅助型航空母舰。此外，我们正在运输船队和德军各个基地之间部署一条强大的潜艇巡逻线。德军海面船只袭击我方船只的风险依然严峻。唯有在巴伦支海部署一支空军突击部队，才能有效避免这一风险，但这支突击队必须实力强大，使德军不敢冒险在该海域启用重型舰只，而让我方重型舰只冒险在该海域活动。我方将派出八架“卡塔利娜”式水上飞机和三个摄影侦察中队的“喷火”式飞机，从苏联北部起飞展开侦查。为扩大空袭规模，我们已派出三十二架鱼雷飞机，虽然它们在途中蒙受了损失，但我们希望至少还有二十四架可以用于作战。然而，这些飞机再加上我们已知的由你方提供的飞机，包括十九架轰炸机、十架鱼雷飞机，以及四十二架近程战斗机和四十三架远程战斗机，肯定不足以遏制敌军活动。我们需要更多远程轰炸机。我们非常理解你们在主要战线上承受了巨大压力，从而难以提供更多供苏联陆军使用的远程轰炸

机。但我们必须强调，这支运输船队非常重要，其中包括我们派出的七十七艘战舰，而这七十七艘战舰在作战中需要消耗一万五千吨燃料。因此，如果您能临时调遣更多的远程轰炸机前往北方，请您务必要这样做。这对我们的共同利益必不可少。

2. 隆美尔进攻埃及的行动已严重受挫，因此在我看来，我方很有希望在本月内取得决定性胜利。

3. 尽管“火炬”作战计划的开始时间比我向您提及的最早日期推迟了三周，但现在该作战计划正全面展开。

4. 我曾明确建议总统，在今年冬天派遣一支英美空军分遣队前往你方前线南翼作战，现在我正等待他的答复。他已在原则上表示赞同，我期待收到他的具体计划，之后会再次向您发送电报。与此同时，我希望关于机场和交通的计划能得到您的批准，按照我在莫斯科时，你们的军官一致同意的方法进行。为此，一旦你们准备就绪，我们便立即从埃及调派参谋人员前来莫斯科。

5. 苏军在抗德战役中不断取得辉煌战绩，对此我们有目共睹，且感到敬佩。德军确实损失惨重，再加上冬天即将到来，德国也将面临更大的困难。在周二向下议院做报告时，我将会汇报此次访问莫斯科的情况，我的莫斯科之行是非常美好的回忆。希望我在报告中的措辞能令您满意。

6. 请代我问候莫洛托夫，他曾祝贺我平安回国，对此我十分感谢。愿上帝保佑我们一切顺利。

1942 年 9 月 6 日

斯大林主席致丘吉尔首相：

我已接到您于 9 月 6 日的来电。我理解 P. Q. 第十八号运输船队安全抵达苏联的重要性，以及保卫这支船队的必要性。虽然我们目前确实很难额外抽调远程轰炸机前去护航，但我

们还是决定照办不误。我今天已经下令，派遣更多的远程轰炸机前去执行您所提到的任务。

祝愿您在埃及进击隆美尔一役中取胜，并祝愿“火炬”作战行动大获全胜。

1942 年 9 月 8 日

北极运输船队（包括 P. Q. 第十八号船队的十二艘船只）损失惨重；大西洋地区形势恶化；“火炬”作战计划对船只的需求量增多，这一切都迫使我们思考是否能够继续经由北线运输物资前往苏联。我已提醒过罗斯福总统此事。

罗斯福总统致前海军人员：

我们已做好接管波斯铁路的准备，且所有计划也都在进行当中。我们目前正在仔细研究向苏联南部派驻英美空军一事。关于此事，我希望能尽快给您答复。我深知，让斯大林知晓我们说话算数十分重要……如果决定不再派遣运输船队前往苏联，我自然会竭尽所能说服斯大林。

1942 年 9 月 16 日

我现在越来越关注“朱庇特”计划，而将运输船队这一迫切问题暂时抛却脑后。想必读者也记得，我曾要求驻英的加拿大总司令麦克诺顿将军就该计划作一份报告。9 月 16 日，我就他的报告向三军参谋长做了一番评论。

首相致伊斯梅将军，转参谋长委员会：

“朱庇特”作战计划

1. 必须把同苏联保持联系，通过源源不断地向苏联输送供应物资，从而让苏军获得装备并继续作战视为我们当前面临的三个或四个至关重要的问题之一。为此，盟国必须做出

最大的牺牲和努力。如果苏联完败，或者在军事上被削弱至无足轻重的地位，那么全体德军便会从苏联战线抽出，转而袭击我们。总统曾说，尽管他已准备为“火炬”行动放弃一到两次运输任务，但他认为维持 P. Q. 运输船队与实施“火炬”计划同等重要。

2. 因此，摆在我们面前有两种方案：

(1) 在 1943 年这一整年，除进行“火炬”作战计划以及所有与之相关的军事行动外，还要继续派遣 P. Q. 运输船队出航（可能会削减一到两次）。当然，必须要扩大船队的规模。我们已向苏联郑重承诺，会向他们输送更多物资，而且，鉴于苏联领土范围已因敌军入侵而缩小，他们会更加依赖进口武器。

(2) 执行“朱庇特”作战计划或类似行动，肃清挪威北部的德军。

鉴于这些护航队每两个月至少要出航三次，会蒙受巨大损失；同时，如果我们声明无法再派遣船队前往苏联，那将会引发严重后果，我们认为，且不论“朱庇特”作战计划的代价和风险，从长远来看，实施该计划不仅十分有必要，而且最为合算。

3. 我已看过麦克诺顿的报告，他确实没有低估我们所面临的种种困难。鉴于此，我们可将该报告作为进一步讨论的基础。

4. 一旦冬季来临，苏军定会进攻德军。与其他地方一样，挪威北部形势良好；而且，由于苏军急需盟国军火，在同斯大林主席交谈过后，我深信苏军不仅会抵抗敌军向摩尔曼斯克和阿尔汉格尔斯克铁路发起的攻击，还将开始向比特萨摩发起猛攻。无论如何，我们必须了解苏军准备如何作战，才能提出建议。但据我猜测，苏军定会像麦克诺顿所建议的那样，他们不仅会调遣充足的兵力前往挪威北部攻击敌军，

还会在必要时承担部分登陆任务。

5. 如果要将“朱庇特”计划纳入我们的作战计划，我们只有将其与“火炬”计划一起加以考量。我们目前尚不能判断“火炬”作战计划将会牵涉到多少地区。假如法国人支持我们，那么实施“火炬”计划的整个地区在一周内，甚至在一夜之间便会对德作战。如果真是这样，我们将会获得防御稳固的港口、机场、八到九个法国师、一定数量的空军，或许还包括驻土伦的法国舰队。这样一来，英军便能乘火车快速行军，从西面攻打的黎波里。而德军不可能在之前提到的这段长约两周甚至是一个月的时间内，完成武装并发起猛攻。尤其是他们没有可调用的空军。我们希望埃及和利比亚方面已在进行激烈战斗。因此，在我看来，假如北非海岸的形势对我方有利，就可以匀出大批攻击舰和坦克登陆艇，调往北方参与“朱庇特”作战行动。此外，除拨给“火炬”作战计划的船只以外，还要加上根据“波莱罗”计划，即将运往英国供“围歼”作战计划使用的新增坦克登陆艇和攻击舰艇。我们没有必要怪美国人取消这些物资的供应，因为我们尚未向他们提出反对这种耗费巨大的行动的理由。我确信，我定能让美国划拨将原本根据“波莱罗”计划准备的、用于4月份“围歼”计划的全部舰艇，或至少拨来足够的舰只，供“朱庇特”计划使用。但我承认，护航是一大难题。

6. 另一方面，如果在“火炬”登陆战中，法军抵抗美军进攻，并请求德军帮助，且德军确实前来支援，或者西班牙人倒戈相向，转而攻击我们，那我们就不得不在“火炬”作战地区奋战到底。在这种情况下，“朱庇特”计划就自然没有讨论的必要了。

7. 我坚信，我们定能获得两个在北极受过训练的美国师，以及加拿大军和几个苏联师，因此，就算苏联发动进攻，我们还是能集结充足的兵力攻下开展“朱庇特”计划的地

区。但是，如果我们不做准备，既不制订书面计划（这个计划无论如何得在1943到1944年间启动），也不订购装备和训练部队，那我们甚至连选择的余地都没有。

8. 如果“朱庇特”计划与“火炬”计划均能实行，那么在1944年以前就无法实施“围歼”计划。美国方面已有这种看法。然而，“火炬”作战计划本身绝不能替代“围歼”作战计划。

1942年9月16日

我认为，明智的做法是将该计划交给斯大林过目，并提议派麦克诺顿本人向苏联最高统帅部做出解释。同时，我们还必须向斯大林说清楚，虽然我们打算在“朱庇特”地区采取行动，但由于要为“火炬”计划做准备，因此，我们难免会暂时减少对苏联的供应数量，也不得不取消另一支与P. Q. 第十八号船队规模相当的护航队。9月22日，我向总统发出下列电报：

前海军人员致罗斯福总统：

（以下是我拟发给斯大林的电文）

1. 我在莫斯科的时候曾告诉过您，我们确信，我们和美国在今年能够做到的对打败德国最有效的贡献，就是尽早开展“火炬”行动。

2. 目前，我与总统最终定下的开展“火炬”行动的日期是11月初。

3. “火炬”作战计划的作用必须是，（1）迫使德军为反击我方行动，调遣部分空军和陆军兵力前来支援；或是（2）迫使他们接受因“火炬”行动成功而出现的新形势。由于西西里和南欧都有遭受攻击的威胁，这种新形势将会进一步牵制敌方兵力。

4. 上次运输船队的行动之所以取得成功，完全是因为我

们动用了不下七十七艘军舰用于船队的护航工作。但由于目前为执行“火炬”计划而集结的海军护航舰只，要到年底才能再度驶往北方海域，因此我们在这之前无法再提供这种规模的护航队伍。

5. 在此期间，我们会想办法在1942年余下的几个月里通过北方航线向你方小规模运送物资。

6. 我们打算自1943年1月起继续向你方运送大量物资。

7. 为了减少因敌方行动而造成的商船损失，从而尽可能提高1943年运输船队的效率，我迫切希望能同你们研究，在今年冬天执行“朱庇特”作战计划的可能性。

8. 因此我提议派加拿大陆军总司令麦克诺顿将军于10月初前往莫斯科，这样一来，他便能同你方总参谋部充分讨论这一问题。他已初步研究过该问题。

1942年9月22日

这个问题比较棘手，加上那时总统尚未返回华盛顿。因此，我在9月27日才收到复电，内容如下：

罗斯福总统致首相：

我赞同您的观点，实际情况让我们不得不放弃P. Q. 第十九号运输船队。虽然我也觉得这对苏军来说是一个沉重打击，但我还是认为，从时间和地点来看，这些护航船只的用途让我们不得不做出这样的决定。然而，无论如何，P. Q. 第十九号运输船队要再过十天才能启航，因此我强烈认为，在那天到来之前，以及尚未最终确定这支船队最终不能成行之前，我们不应该通知苏联人。在我看来，如无必要，过早通知斯大林此事对我们毫无好处，反而有害。此外，我相信，我们定能在十日内，就向外高加索方面派驻英美空军一事得出最终结论，届时将此事一并通知斯大林。

出于安全方面的考虑，我认为任何船只在冰岛卸货都是不明智的做法。虽然我们的确缺少船只，但也许并不需要那些专供“火炬”作战计划使用的船只。而且我认为，我们最好做出一些牺牲，将船只闲置在冰岛，而不要冒险让敌人得知我们不会再派出下一批护航队。此外，我认为执行“火炬”作战计划刻不容缓。我们将会为该计划投入全部力量，而且我对该计划寄予了很大希望。

我将于周四返回华盛顿，届时会给您发电报，告诉您关于向高加索派驻英美空军一事及其他事情。我非常享受这次愉快的旅行。军队训练工作进展很大，士气高昂。生产状况良好，但尚有进步空间。

1942 年 9 月 27 日

前海军人员致总统：

P. Q. 第十九号运输船队最早可于 10 月 2 日起航，即距离您 9 月 27 日发送电报这一日期只有五天。但如果您认为合适的话，我们可以等到 7 日或是更晚的时候再通知苏联，就好像船队真是在这时候起航一样。目前大多数船只停泊在苏格兰的港口。另外，我也认为坚决向高加索方面提供空军支援极为重要。

1942 年 9 月 28 日

*　　*　　*

虽然我不相信德军能进抵巴库，但高加索的形势仍让我焦虑难安。我一直就此事同帝国总参谋长打赌，也常在每周的内阁会议上打趣他说：“这周，我们打的那个赌有什么进展？”我们对高加索形势的看法，决定着威尔逊将军在波斯的第十集团军是否应向前推进。

一切取决于时机。

首相致伊斯梅将军，转参谋长委员会：

威尔逊将军占领波斯前沿阵地的提议，从原则上说是正确的，而且似乎切实可行。

1. 削减运往苏联的供应物资，会让我们付出巨大代价。而且，取消 P. Q. 第十九号运输船队的那一刻绝不是知会苏联人的好时机。因此，这是一个时机问题，答案取决于德军进攻高加索的情况。自我与帝国总参谋长前去莫斯科访问以来，已过去六周的时间了，在此期间，高加索形势已有明显改善。斯大林主席曾对我说，他必须要坚守六十天，而到现在，已过去四十多天。苏军顽强抵抗，他们的大炮依然据守在诺沃罗西斯克的边境。德国侵略者在山路上却没有取得丝毫进展。而且此时，高加索山脉上正下着雪。敌军尚未攻下格罗兹尼油田。帝国总参谋长当时见到里海沿岸的要塞时，它才刚刚开始修建，想必现在已经取得了极大进展。我本人一直认为，在春天来临前，苏军定能守住高加索山脉的阵地，而且敌军今年不会攻占巴库。但我必须得承认，这只是我个人的想法，并没有科学根据。然而，我们还必须意识到，当前形势已有所好转，远远超出了许多人的预期。

2. 鉴于上述情况，我们定能在第十集团军向前推进以前再等两周。到 10 月中旬，我们应该更能看清整体局势，因此我建议，我们到那时再就经由横贯波斯铁路运输多少物资一事，同苏联人和美国人商讨。

3. 罗斯福总统现已承诺，最迟会在 10 月 7 日对“天鹅绒”计划作出答复。假设总统赞成该计划，我们应该以此为基础拟定一份时间表。我不清楚“天鹅绒”计划调用的二十个中队是否包括所有飞机和由第十集团军指挥的陆军飞机。这些空军部队必定会是第十集团军的先头部队，同时也要保护该集团军。如果战事进展不利，第十集团军便会退到这些空军部队的后方。即便还没有收到总统的复电，我们也能以

表格的形式罗列出所有空军部队。

4. 如果德军1942年攻打苏联确实以失败告终，那么我们就没有必要也不可能下定决心调动第十集团军了，但是，我们要看到“捷足”作战计划（沙漠攻势）和“火炬”作战计划所取得的进展，才能对这一问题做出更为准确的判断。

1942年9月28日

* * *

苏联既不对我们付出的努力表示感谢，也不理解我们的难处；下面这件小事便体现了我们之间的关系不太和睦。

首相致莫洛托夫：

外交大臣告诉我，他已就有关瓦延加的英国海军医院被勒令关闭并遣返回国一事，给你发了一封电报。如果你能亲自调查此事，我定会十分高兴。因冻伤被截肢的重伤员现正运回英国，我时常考虑商船海员的士气问题，他们此前都是十分愿意在前往苏联的商船上工作的。我们派遣英国医疗单位前去苏联只是为了帮忙，并没有谴责苏联因空袭压力而安排不周的意思。而且，伤员在医院里见不到说他们的语言的护士，这会给他们带来很多困难。无论如何，我希望你给我一些充分的理由，以便在议会上提出此事时（很有可能提出）我能做出回答。

1942年9月27日

我得到的仅是这样的答复：

莫洛托夫致首相：

我在致艾登先生的信中，曾请求他告诉您，我关于在阿

尔汉格尔斯克和瓦延加（摩尔曼斯克）的英国医疗人员问题所作出的答复。在我看来，如果您看过8月27日苏联外交部的备忘录以及我于9月12日写给英国大使的信，便会完全了解此事，并对这件事情的真实情况，尤其是针对相关英国海军当局某些不当行为，得出必要结论。

1942年10月2日

要说官腔是如何破坏人与人之间的联系，甚至是思想本身的，以上这种怪腔怪调便是一个很好的例子。

*　　*　　*

10月5日，我收到了总统对我于9月22日拟定的致斯大林信稿的意见。

罗斯福总统致首相：

我已仔细阅读过您于9月22日拟给斯大林的信稿。

我坚决认为，我们应该坚定承诺会在高加索地区派驻一支空军，而且这一军事行动不应受其他军事行动的影响。

苏联前线目前是我们最大的依靠。除了向他们供应日渐减少的物资外，我们还必须要找到一种能直接帮助他们的方法。我方应补充我们从中东调出的所有飞机，并竭尽全力帮助你们解决在中东的空军问题。

有关P. Q. 第十九号运输船队一事，我坚决认为，我们不应该告诉斯大林船队将会停驶一事。在同金海军上将交谈后，我想劝他们采用一种不同的航行方法，这种方法的指导原则是躲避敌人，分散航行。这样一来，我们便能将P. Q. 第十九号运输船队分成若干批次，依次出航，每一批都由那些装好货物或正在装货、准备前往苏联的最快的船只组成。每批船

队都包含两到三艘货船，并由两三艘护航舰护送，两批船队起航的时间间隔为二十四到四十八小时不等。由于它们不得不在缺乏充足海军掩护的情况下行驶，因此难以抵挡“提尔皮茨”号或重型巡洋舰的袭击，但是我们必须冒这个险。我们明白，就空袭而言，天气状况不可能每天都对我方不利，而且黑夜变长会对我方有所帮助。

我相信，P. Q. 第十九号运输船队很有可能会像之前 P. Q. 第十八号运输船队那样，大部分船只都能安全抵达。无论如何，我都认为，与其在这个时候破坏我们同苏联的整体关系，倒不如冒一次险。我知道，您和庞德会认真考虑这一提议。我应当告诉您，我们的大使斯坦德利海军上将已请求回国，以便亲自报告一则十分重要的消息，至于这是一则怎样的消息，我对此也有些担心。

1942 年 10 月 5 日

有关“天鹅绒”计划，总统建议我应将下列电报发给斯大林：

您一定记得我们关于在高加索地区部署一支英美空军的谈话。我已经同总统研究过这一问题，并已下定决心要立即完成这项计划。我会通知您，我们可供调用的最大的空军力量，以及在今后数月内建成这支空军的计划。

他最后说：

请告诉我您写信给斯大林的时间，到时我会立即给他发送一封内容相近的信件。但我确信，我们二人在信中都应注意措辞，让他读的时候能够细细品味。

* * *

在接下来的几周里，我同总统继续讨论实施“天鹅绒”作战计划的可能性，以及维持北极运输船队的方法和途径。10月5日，我经由麦斯基收到了斯大林的电报，我几乎有一个月没收到他的来信。斯大林的来电内容如下：

1. 我必须告诉您，自9月初以来，斯大林格勒地区的形势已经恶化。德军能在该地区集结大批空军后备队，从而获得二比一的空中优势。而我们却没有足够的战斗机在空中保护我军。如果没有空军的保护，即便是最英勇的军队也无能为力。因此，我们特别需要“喷火”式飞机和“空中眼镜蛇”式飞机。我已将一切情况详细告诉温德尔·威尔基先生。

2. 运载军火的船只已抵达阿尔汉格尔斯克，现正在卸货。这对我们大有帮助。然而，鉴于船只吨位有限，我们愿意暂时放弃几种援助物资，以此获得更多战斗机。

3. 你方情报处收到的情报大意是说德国每月制造的战斗机不足一千三百架，这与我方获得的情报不符。根据我方情报，连同被德国占领的国家中从事飞机零件制造的工厂在内，德国飞机工厂每月制造的战斗机不下两千五百架。

1942年10月5日

我将这封信连同下列意见转交给了总统：

前海军人员致罗斯福总统：

1. P. Q. 第十九号运输船队不可能像您建议的那样，在护航舰减少的情况下分批依次启航。我们也不可能继续向苏联人隐瞒船队将要停驶的事实。麦斯基虽未接到正式通知，

但已对这一情况有所察觉，我估计他应该已让斯大林知晓大致情况。我们准备了十艘船，以便在10月夜间分开出航①。这十艘船均是英国船，且船员必须是自愿登船的，因为此次航行极为凶险，如果在距离救援地点太远的地方被击沉，船员们唯一的希望便是北极衣和安装在救生艇上的取暖设备。若经验表明时机已经成熟，只能请你们帮忙提供一些美国船只，以供11月9日以后的分开航行，除此之外我们实在别无他法。

2. 我认为，在同斯大林打交道时最好实话实说，而您建议推迟两周再告诉他会更为有利。但我还是坚决认为现在就应当告诉他。

3. 在埃及战役开始之前，不能开展关于“天鹅绒”计划的一切行动。因为德军可能会从苏联战场抽调空军前往埃及。此外，德军还有可能被迫抽调大批空军用于“火炬”战役。

虽然我们无法确定进行“天鹅绒”计划的较早日期，但我认为，我们能够确定执行“天鹅绒”计划的军队组成成分。几周以来，我们已明确计划拨出二十个空军中队组成这一军队，但须得到你们的同意和帮助才能最终确定。我很愿意说明这批空军的具体情况及要求它出发和参加战斗的时间。

4. 不知斯坦德利海军上将回国后会向您汇报什么消息，但我相信，他带来的肯定不会是斯大林威胁要单独与德国进行和平谈判的消息。到目前为止，苏联战役一直对希特勒极为不利，虽然苏联对我们两国都心存怨气，但他们绝对没有对我们完全失去希望。

5. 因此，如果我们提议执行现已拟好的“天鹅绒”计划，加上向苏联运送更多的飞机，并让船只经由P. Q. 航线分批运输物资，我相信在“火炬”计划开始前，这些举措足以

① 此时单独驶往苏联的商船共计十三艘，仅有五艘到达。

消除我们与苏联之间的隔阂。

1942 年 10 月 7 日

* * *

10 月 9 日我致电斯大林，简要地向他介绍了“天鹅绒”计划。

首相致斯大林主席：

1. 本月底，我们将在埃及发动进攻，并于 11 月初执行“火炬”作战计划。这两项作战行动必会产生以下任何一种影响：

（1）迫使德军派遣空军和陆军反击我们的行动。

（2）迫使他们接受由于因我方胜利而产生的新形势。在新形势下，西西里和南欧可能会遭到我军袭击，从而能够牵制敌军。

2. 我们将大举进攻埃及。“火炬”作战行动将会是一次重大作战行动；除美国海军外，还有二百四十艘英国战舰以及五十多万士兵会参与到本次行动中。我们正全力向前推进该计划，无论如何都不能取消。

3. 总统与我迫切希望，能在你方战线南翼部署一支英美空军，并在苏联最高统帅部的战略指挥下作战。我们已下令集结这支空军，并将其派往驻地，这样一来，他们便能在明年年初参加战斗。大部分空军一旦从埃及战役中抽身而出，便可立即前来。我们相信，我方定能取得埃及战役的胜利。

4. 在麦斯基先生 10 月 5 日转交给我的信中，您请求我国与美国大幅增加向苏联供应的战斗机数量。因此，我们会尽早经由波斯湾航线将一百五十架“喷火”式飞机，以及相当于可供五十多架飞机使用的备用零件运往你方。这些飞机及零件一旦准备妥当，便会作为特殊增援运送给你们，但我们

今后再也无法提供这种特殊增援。在北方航线可使用时，这一特殊增援超出了该航线原定的供应。罗斯福总统会就美国方面的援助另发电报给您。

5. 上次运输船队的大部分船只都已安全抵达阿尔汉格尔斯克，这令我十分欣慰。这次行动之所以能取得成功，完全是因为有不下七十七艘军舰为它护航。但“火炬”战役所需护航舰只有在完成任务并撤出“火炬”地区时，才能够再度前往北方海域。因此，在即将展开的“火炬”行动结束前，我们将无法提供护航船只。

6. 即便如此，我们仍打算在此期间竭尽全力，在没有护航船队的情况下，采用让船只分开航行的方法，经由北方航线运送物资给你们。我们已安排妥当，准备在 10 月 28 日至 11 月 8 日没有月光的夜晚让运输船队从冰岛起航。除了美国方面的船只外，我们自己的十艘船也正在做准备。这些船只将分开航行，各船之间相隔二百英里，有时距离会更远，依靠躲避敌人、分散行驶的方法来完成任务。

7. 我们希望能从 1943 年 1 月起重新启用强大的护航队伍，护送物资运输。

8. 如果能阻止德军使用挪威北部的机场，对你我双方都将大有好处。如果你方参谋人员筹划妥当，总统与我将立即全力研究我们三方通力合作的可能性。

1942 年 10 月 9 日

总统采取了同样的举措。

罗斯福总统致首相：

我于今日给斯大林主席发了一封电报，内容如下：

英国首相已将他发给您的电报的副本邮寄给了我。我们将会尽快在高加索部署一支空军，并由你方进行战略指挥。

目前我正努力为你方寻求更多的飞机，且不久后就会告诉您相关情况。同时，我正设法将我们的一些商船移交给你们，以便增加你方在太平洋上的物资运输。就在刚才，我已下令一家汽车轮胎厂为你们生产轮胎。我们正在向波斯湾运送大量的增援物资，以增加该航线上的物资供应，我们也有信心能够完成此事。大批发动机、各种装备以及人员也正在运输当中。我深信，我们筹划已久的行动定能取得成功。每一个美国人都因斯大林格勒的英勇保卫战而热血沸腾，我们坚信英勇保卫战定能胜利。罗斯福。

1942 年 10 月 9 日

10 月 13 日，我收到了斯大林的来信。这封信既没有提供任何信息，也没有任何帮助。

斯大林主席致首相：

我已收到您 10 月 9 日的来信，谢谢。

1942 年 10 月 13 日

*　*　*

当时，苏联各界对英国充满了不信任。莫斯科的报纸竟然大肆报道已是陈年旧事的赫斯事件①。莫洛托夫于 10 月 15 日发表公开谈话，要求将赫斯作为战犯，立即交由国际法庭审讯。10 月 27 日，苏联一位重要政论作家在演讲中痛斥阿斯特夫人②和克利夫登帮③的阴谋，声称

---

① 1941 年，德国纳粹党副元首鲁道夫·赫斯搭乘飞机前往英国进行未授权的和平任务，并遭英方扣留直到大战结束。——译者注

② 即南茜·阿斯特，英国下议院第一位女议员，支持内维尔·张伯伦的绥靖政策。——译者注

③ 专指支持绥靖政策的一小撮上层人士。——译者注

他们企图单独进行和平谈判。

这类无稽之谈并没有对我和总统的观点与情绪产生丝毫影响。我们正竭尽所能。10 月 27 日，我写了一份备忘录给外交大臣：

1. 我确信，受苏联人当前情绪的影响是十分错误的；更别提与他们一起捕风捉影了。务必请斯塔福德·克里普斯爵士让大家关注并重温赫斯一事。一切准备妥当后，战时内阁就可以考虑是否应告诉苏联政府实情。我向你保证，目前最有用的是艰苦战斗、争取胜利。现在正在进行许多战斗，而且将来还会有更多的战斗。如果我们通过努力取得了胜利，你就会发现我们的处境将发生翻天覆地的变化。在此期间，我们应以沉着冷静的态度对待苏联人，不要因他们的胡言乱语而激动，要坚定地执行我们的任务。

2. 我已询问总统，他是否收到斯大林对我们二人的电报的答复，现正等候总统的回复。收到回复后，我会亲自拟一封电报发给斯大林。电文将会十分简短，我只想问一下他，他说的“谢谢”是否是对我那封长篇电报的回复，如果是这样，那么他接下来打算如何安排我们派往苏联南翼的二十个空军中队，包括运往苏联途中的“喷火”式飞机，以及即将在北极极夜时期一艘接一艘地驶往苏联的运输船等。既然“提尔皮茨”号现已驶往特隆赫姆以南，那么在“火炬”计划第一阶段结束后，我们或许有可能会重新考虑派遣运输船队前往苏联的问题，但是，护航舰只仍是问题所在。

与此同时，总统发送了下列电报给我：

罗斯福总统致首相：

关于莫斯科方面是否分别给予我们答复一事，我并没有过于担忧。我确信，他们使用语言的目的和我们有所不同。

虽然我未曾听说我方在苏联南翼建设机场一事上遇到什么困难，但我会立即从我方着手展开调查。

我非常确定，苏军定能熬过今年冬天，而我们应该积极执行计划，为他们提供物资，并派驻一支空军与他们并肩作战。我希望我们能够对斯大林先生说，我们已经百分百履行了自己的义务。

1942 年 10 月 28 日

* * *

阿拉曼战役取得胜利，“火炬”作战计划顺利实施，以及苏军在斯大林格勒取得伟大胜利，这些成就将会缓解苏联冬季即将面临的紧张形势。在今年年底以前，我们在北极地区进行的辉煌行动是让一支船队安全通过了该地区。现在回想起来，苏联之所以那样做，可能部分原因在于他们认为只要能熬过冬天，就可以直接拒绝任何来自西方的军事援助；在他们看来，西方的军事援助是一种传染式的联系，会严重损害他们的威望。我觉得，面对这样一个政府无休止的侮辱，至少我们表现出来的耐心还是值得称赞的。

* * *

不过既然讲到了这里，我应该简要地叙述一下苏联陆军辉煌的战斗事迹以及取得的决定性胜利。

为了扫清从东南向高加索地区挺进的道路，德军必须占领罗斯托夫，肃清在顿河下游拐弯地区内的苏军。5 月 28 日，他们从库尔斯克和别尔哥罗德的北面发起首轮进攻。7 月 7 日，从库尔斯克北面出动的部队虽已抵达罗斯托夫郊外，却未能占领该城。匈牙利军队守卫从奥廖尔到沃罗涅日的漫长侧翼，与此同时，德国第四装甲集团军沿顿河西岸推进，之后发起进攻冲破了伊久姆前的苏军防线，并与南下的部队会合。最后，德国第四装甲集团军又从斯大林诺发动第三轮进攻，迂回行军，抵达罗斯托夫以北的顿河下游一带。虽然所有行动的速度都不如德国希望的那样快，但还是大体按计划完成。苏军进行了十分激烈的抵抗，但由于敌军装甲部队与摩托化部队数次突破苏军战线，苏军深受其苦，不得不全面撤退到顿河流域后方。

三周后，德军第一阶段的战斗基本结束，因此，希特勒下令进入下一阶段的战斗。南方集团军群现分为 A、B 两支，A 集团军群由利斯特指挥，B 集团军群由博克指挥。7 月 23 日，希特勒向他们下达了任务，由 A 集团军群负责占领整个黑海东岸。在该集团军群占领迈科普油田后，派遣一支机动部队前去攻打格罗兹尼。“随后沿里海挺进，占领巴库区域。”已在顿河沿岸建立侧翼防线的 B 集团军群，负责向斯大林格勒进军，“将正向该处集结的敌军击溃，占领斯大林格勒”。还要派遣机动部队沿伏尔加河而下，攻打阿斯特拉罕。

中央集团军群将进行局部作战，以阻止苏军从该战线撤军。在北方，德军将于 9 月初占领列宁格勒。为此，希特勒命令第十一集团军的五个师与北方集团军群会师，当时第十一军的五个师已经攻克塞瓦斯托波尔而得以抽身，但此举缺乏远见，因为这会削弱其主攻力量。德军及时赶到，却没有发起攻势。

克莱斯特指挥的第一装甲集团军的十五个师，担任向高加索进发的德国 A 集团军群的先锋部队。他们渡过顿河后，几乎没有遇到抵抗，因而进展迅速。德国 A 集团军群于 8 月 9 日抵达迈科普，发现油田已遭到彻底破坏。8 月 25 日，另一支部队攻克莫兹多克，但在捷列克河遭到拦截，因而没能抵达格罗兹尼油田。而最大的油田——巴库油田仍在离他们三百英里以外的地方。9 月 10 日，德军攻陷黑海岸边的新罗西斯克；苏联黑海舰队在塞瓦斯托波尔沦陷时曾隐蔽于此，现已开往图阿普谢，并留在该地。希特勒下达的攻克整个黑海沿岸的命令未能得以执行。在中路，德军已经抵达高加索山麓，但没能更进一步。苏军因得到经里海西岸铁路运到的生力军增援，全线都能进行有力抵抗。克莱斯特的部队由于分出兵力攻打斯大林格勒而遭到削弱，一直

苦苦撑到了 11 月，并于 11 月 2 日占领纳尔奇克。此后，因冬季妨碍了行动，克莱斯特便智穷力竭。

在德国 B 集团军群的前线，情况比战败还要糟糕。希特勒深受斯大林格勒的诱惑；而这座城市的名字本身就是对他的挑衅。斯大林格勒是一座重要的城市，因为它不仅是苏联的工业中心，而且还是阻止德军主力攻入高加索侧翼的重要防守据点。因此，这座城市就像一块磁铁，吸引了德国陆军与空军的主力。

德国第四装甲集团军南下企图协助 A 集团军群渡过顿河，但此举带来了严重后果。德军为此推迟了向斯大林格勒发起进攻的时间，而在他们再度向东方挺进前，已退往顿河对岸的苏军正在进行整顿。苏军抵抗日益增强。9 月 15 日，德军在顿河和伏尔加河之间的地区与苏军展开激战后，才抵达斯大林格勒郊区。在接下来的一个月里，德军在攻城战役中取得了一些进展，但也付出了惨重的代价。而苏军在斯大林格勒的废墟上与德军展开激战，他们勇于献身，任何人都无法战胜他们。

早已心神不宁的德国将领们此时自然更为焦虑。经过三个月的战斗，此次战役的主要目标——高加索、斯大林格勒和列宁格勒仍在苏军手中。而德军却伤亡惨重，补充力量又不足。希特勒并没有派遣新兵替补伤亡人员，反而让新兵未经训练就组成新的师。德方军事专家们认为，此时应当停手，但希特勒这个“彻头彻尾的疯子”是不会听的。9 月底，其参谋长哈尔德最终因拒绝服从希特勒的命令而被革职。希特勒严令其部队继续进军。

到了 10 月中旬，德军处境已明显恶化。B 集团军群的正面战线已延伸了七百多英里。保卢斯将军的第六集团军在斯大林格勒耗尽了气力，现在已是疲惫不堪，而它的侧翼还是由战斗力成疑的友邦军队防卫。冬季就要来临，苏军定会反攻。如果无法守住顿河前线，高加索战线的德军的安全将会受到威胁。但希特勒不同意任何退兵的建议。11 月 19 日，苏军发起了包围战，他们准备已久且作战英勇，对斯大林格勒南北两面防卫薄弱的德军侧翼发起猛攻。四天后，苏军发动钳形

攻势的两股兵力会合，从而将德国第六集团军困在顿河与伏尔加河之间。保卢斯提议进行突围，但希特勒却命令他坚守阵地。日子一天天过去，保卢斯部队的地盘越来越小。12 月 12 日，德军在天气恶劣的情况下决定拼死一搏，试图突破苏军包围，解救被围困的第六集团军，但以失败告终。此后，保卢斯及其部队虽然挺过了更为艰辛的七个星期，但他们覆灭的命运已不可逆转。

第三章

THREE

阿拉曼战役

为沙漠进攻所做的准备工作——不情愿的拖延——战斗日期临近——蒙哥马利的部署——近千炮齐轰——总攻——互有得失的战斗——第九澳大利亚师进攻取得辉煌战果——蒙哥马利的最终计划："增压"战役——澳大利亚战士向前推进——隆美尔阵线失守——我装甲部队追击——敌军溃败——"鸣钟吧!"——老式的战术——命运的转折

中东地区的指挥官换任后的几星期里，开罗及前线的战备及训练工作未有丝毫松懈。其间，第八集团军的实力得到了空前提升。第五十一师和四十四师已具备了沙漠作战能力，并由英国成功抵达中东战场。我方装甲部队现已增至七个旅，配备一千辆坦克，近半数为美国的"李"式和"谢尔曼"式坦克；目前我军人数是敌人的两倍，实力也与敌军不分伯仲。而在西部沙漠，我方首次派出实力强大且训练有素的炮兵，为即将发动的进攻提供炮火支援。

据 1941 年 10 月 7 日的指示，总司令负责指挥中东地区的空军，指定相应作战方针。然而，有了空军中将特德的统帅，任何严格的规定都显得多余。空军司令部与新任的陆军将领相处得十分融洽。此外，科宁厄姆空军中将在西部沙漠地区统率的空军现已配备五百五十架飞机。除马耳他岛基地的飞机外，另两支拥有六百五十架飞机的空军队伍也处于战备状态，随时准备攻击敌方港口及其在地中海和沙漠地区的补给线。若是再加上一百架美国战斗机和中型轰炸机，我方可用于作战的飞机共约有一千二百架。

战备工作正在紧锣密鼓地进行，我越早了解亚历山大将军的作战

部署，越有利于完善我方准备工作。于是，9 月 17 日我向亚历山大将军发电，内容如下：

首相致亚历山大将军：

望尽快告诉下一步作战意图，我已等候许久，焦急万分。之前我们已达成共识，定于9月的第四周发动进攻。可随后你指出，虽然最近这场战役大大削弱了敌军实力，但也给我方带来了一系列问题，包括重新集结兵力也要花较长时间。我并非期望知晓你的具体作战方针和确切进攻时间，但我必须知道进攻时间定在哪个星期，以把握整体战局，做出有效判断。

1942 年9 月 17 日

亚历山大将军发送了数封电报，告诉我们他已定于 10 月 24 日发起行动，行动代号“捷足”。他说：“由于敌军侧翼没有什么突破口，我们必须精心策划行动以在敌军正面撕开一个缺口。”第十军是装甲部队主力，也是这次进攻的先头部队，将在白天经由此突破口向前挺进。然而，直到 10 月 1 日，该军才能获得其全部武器和装备，但若想承担此次行动任务，至少需要再训练一个月。“在我看来，首次突破进攻应在满月天开始。这将是一项重大作战行动，并可能耗时良久。如果这一装甲部队想要取得决定性战果，便需要有一整天的战斗时间。若想保证充足的作战时间，我们就必须在敌方战线上打开一个足够大的突破口。实际上，‘满月’于我整个计划而言必不可少。我已仔细考虑过这次战役与‘火炬’行动在时间上的配合，得出的结论是，我军发动进攻的最佳日期是‘火炬’行动正式展开的十三天前，那时火炬行动的发动时间定在了 11 月 4 日。”

首相致中东总司令：

我们将一切都托付给你了。只要能打胜这一仗，就算拖延些时日也值得。不论发生什么，我们都会作你的后盾，一直支持你。

关于敌军在此期间将要修筑的防御工事，我有一点要提醒你。这一防御工事可能会长达二十五英里，中途密布着爆破所用的石块、隐蔽的炮位和机枪架设点，并非薄薄的一层防线，一夕之间便可肃清。坦克的发明原本是为了在机枪火拼中给步兵开路，而现在步兵却得为坦克开路。依我之见，因敌方火力已大大加强，步兵开路的任务将会极为艰巨。想必你也考虑到了上述问题，包括怎样拓宽进攻路线，以充分发挥我方在兵力上的优势。

1942 年 9 月 23 日

*　　*　　*

将近一个月过去了，进攻的日子临近了。

首相致亚历山大将军：

在北非和维希法国，事态均朝着对我方有利的方向发展。“火炬”作战计划的筹备工作也正按部就班地顺利进行着。然而，我们将整场战役的全部希望寄托在你和蒙哥马利即将发动的战役上，这场战役很有可能会对未来战局产生决定性影响。请代我向蒙哥马利和科宁厄姆致以最诚挚的问候。战斗打响时，请发送“齐普”二字给我。

1942 年 10 月 20 日

此时空中战役早已打响，敌方的部队、机场和交通线遇袭，其中护卫舰队是空军重点袭击的对象。9 月，轴心国向北非运输补给的船只中，有三成被击沉，这主要是我方空军的功劳。到 10 月，这一数字上升至四成，敌军燃料损失达百分之六十六。秋天，四个月的时间里，

轴心国受损船只的总运载量可达二十万吨。这对隆美尔的军队造成了沉重的打击。

终于听到了我期盼已久的那个词。

中东总司令致首相及帝国总参谋长：

“齐普！”

1942 年 10 月 23 日

收到信后，我立即电告美国总统。

前海军人员致罗斯福总统：

埃及战役已于今晚八时（伦敦时间）打响。我们将会把全部陆军投入此次战斗。我会及时向您转达最新战况。若此番得胜，必将有助于全局战事。此外，托布鲁克一役战败消息传来的那天，您赠予我军的“谢尔曼”式坦克和自行火炮，均将在此次战役中投入使用。

1942 年 10 月 23 日

*　　*　　*

蒙哥马利将军可随时调遣三个装甲师以及相当于七个步兵师的兵力。若要将如此庞大的兵力集中起来，我们必需采取一系列的巧妙策略来迷惑敌人，并要做好防范工作。尤其应当提防敌机侦查我方的准备活动。我方的行动极为成功，敌人对此次进攻没有半点防备。

10 月 23 日晚，满月当空，我军近一千门大炮猛烈轰击敌军的炮兵阵地，这一过程持续了二十分钟。随后，火力又转至敌人的步兵阵地。地面炮火猛烈，我方空军也未放松轰炸。由此，在地面和空中炮火的掩护下，第三十军——利斯将军担任军长，和第十三军——霍罗克斯将军担任军长，发起进攻。第三十军所进攻的敌军防线由四个师

的兵力防守，他们试图突破敌人的防御工事，撕开两个突破口。第十军（军长为拉姆斯登将军）的两个装甲师紧随其后，目的在于扩大战果。装甲师冒着激烈的炮火，奋勇挺进，至拂晓时分，这支部队已经深入敌方阵地之中。虽然工兵部队已经清除了先头部队身后的地雷，但我军仍未攻破敌军布雷区的纵深地带，因此，我军装甲部队很难快速突破敌人的阵地。再来看南边的情况：第一南非师奋勇前进，以便保护我方突出部的南翼；第四印度师则从鲁威塞特山脊发起进攻；与此同时，第十三军下属的第七装甲师和第四十四步兵师也突破了位于其对面的敌军防线。至此，这支部队完成了任务，即在北面的主要战斗进行时，诱使敌军将两个装甲师留在此战线后方三日。

迄今为止，我军一直未能在敌军的纵深布雷地带和防御工事上打开缺口。25 日凌晨，蒙哥马利召开高级指挥官会议。会上，他命令装甲部队按照其原来指令，在拂晓前再次尝试向前挺进。在一天的激烈战斗之后，我们的确取得了不小的进展；但腰子岭成为我军和敌军第十五装甲师和阿里雅特装甲师激战的中心点，敌军在此地展开了一系列猛烈反扑。第十三军放弃了在其战线上继续推进，以保存第七装甲师的实力，从而使其在战斗的高潮时发挥作用。

敌军司令部一度陷入混乱。9 月底，隆美尔曾前往德国医院进行治疗，其职位由施登姆将军接任。距离战役开始还不足二十四小时，施登姆便因心脏病猝死。于是，应希特勒的要求，隆美尔出院并于 25 日傍晚重新执掌司令部。

10 月 26 日，我军已深深攻入敌人防线的突出部分，在此突出部分的整个战线上，激战仍在继续。其中，腰子岭的战斗最为激烈。敌方空军前两日一直未见踪影，但此刻严重威胁了我方空军的统治地位。但多次空战多半以我方胜利告终。第十三军的奋战虽然拖延了敌军的行动，但未能阻止德军调动其装甲部队。德军将装甲部队调到了他们目前已知的防线要地。但是在此次调遣过程中，我方空军对敌军进行了沉重打击。

此时，在莫斯黑德将军的指挥下，第九澳大利亚师发动了新一轮

的袭击，战果颇丰。该师从突出地带向北，朝大海方向发动攻击。蒙哥马利反应迅速，扩大了本次战役的战果。他命新西兰师停止西进，并命令澳大利亚部队继续向北挺进。这一行动威胁着北翼的德国步兵师部分人员的退路。与此同时，蒙哥马利觉察到，在密布地雷和强大反坦克炮的阵地中，我军主力的攻势开始减弱。因此，他重新集结军队，以备再度进攻。

27 日、28 日整整两天，为争夺腰子岭，我军和刚刚从南部调过来的德国第十五装甲师和第二十一装甲师进行了数次激烈的较量。亚历山大将军是这样描述这场战斗的①：

> 10 月 27 日，敌军照老样子，派遣装甲部队向我方发动了大规模反击。他们充分利用了所有可投入战斗的德国和意大利的坦克，发动了五次进攻。然而，结果是，他们不仅寸土未得，反而损失惨重。更糟糕的是，他们死伤过重；然而因我方坦克仅用作防守，损失就小得多了。10 月 28 日，敌军卷土重来，为找到弱点和反坦克炮的位置，他们仔细侦查了一上午。下午，背着落日的方向，敌军集中火力发动猛攻。我方坦克与反坦克炮射程长，能在较远的距离锁定敌军，敌方侦察已不同往日那般有效。正当敌人企图集中兵力发动最后一击时，规模庞大的英国皇家空军再度加入到了战斗之中。两个半小时内，我方轰炸机在三英里长、两英里宽的区域共投下八十吨炸弹，敌军还没来得及调整队形，就已经被击溃了。此为敌军最后一次企图掌握主动权。

10 月 26 日至 28 日，我军击沉了敌方三艘极为重要的油轮。这一系列长期空中作战终于有了回报，空中作战也是陆上作战的重要助力。

---

① 摘自战役后他于 11 月 9 日发给我的电报。

* * *

尽管此时胜负悬而未决，但我认为时机已经成熟，可以将战况告诉各位自治领总理了。

首相致加拿大、新西兰及澳大利亚总理：

虽然尚不能预测结局如何，但埃及大战开局还算顺利。敌军缺乏弹药与燃料，更何况，不久前我军摧毁了敌军一艘极为重要的油船，而他们一定还盼着这艘油船来救急呢。与敌军相比，我军在空军、装甲部队（包括装备最为优良的装甲车）、火炮部队以及人数上优势都极大。不仅如此，我军的交通线也便捷得多。另外，隆美尔重病缠身，被召回也只为救急。因此，亚历山大与蒙哥马利将军决心奋战到底。如果他们取胜，因缺乏交通工具及燃料，敌人连顺利撤退都难。对我军而言，就地与敌军作战到底要比到西边再战更为有利。

1942 年 10 月 28 日

致弗雷泽先生：

新西兰战士骁勇善战，其卓著功勋将被载入史册。您定会为他们感到骄傲和欣慰。

致柯廷先生：

第九澳大利亚师在这次重要战役中立下了汗马功劳。您定会对他们满怀骄傲与欣慰。

我也给亚历山大将军写了一封信：

1. 战时内阁国防委员会向你和蒙哥马利将军表示祝贺，

你们成功发动了此次决定性战役。国防委员会认为，当前战局业已证明，为这场无情的战斗所付出的所有冒险和牺牲都是值得的。我们向你保证，我们将不惜一切代价，全力支持你为彻底摧毁隆美尔军队并战斗到底所采取的一切措施。

2. 我方空军顺利击沉了敌军急需的油船，且前线及后方的敌军都焦虑难安，这让我们坚信，你们定能取得最终的胜利。或许你有所顾虑，所以并未在报告中提及详细的下一步计划。如能告诉下一步计划的大致内容，我们定将欣喜万分。

3. 与此同时，截至目前，“火炬”作战计划的准备工作一直在完全保密的情况下顺利进行，我们也将按时发动进攻。

4. 下述内容请对除你和蒙哥马利将军以外的人员保密。克拉克已经访问了执行“火炬”行动的地区，并同一些对我方友好的法国将领进行了长谈。我们有理由相信，届时我们不但鲜少会遇到抵抗，而且还会得到有力的协助。因此，事态的发展可能会比原计划要快，甚至快得多。预计法国方面很可能会做出明确反应；西班牙方面至今尚未出现任何险象。据我们所知，迄今为止，敌军尚被蒙在鼓里，他们并不知道等待他们的是什么，当然他们更无从得知，战斗的规模之大和时间之近。祝你和蒙哥马利一切顺利。你们火力全开、持续猛攻之战将被载入史册，永垂不朽。

1942 年 10 月 29 日

亚历山大将军致首相及帝国总参谋长：

蒙哥马利和我完全赞同，我们必须继续全力保持攻势。敌军的布雷区和反坦克炮已经给我们带来了诸多麻烦，也造成了不少延误。但我们即将发起一次大规模进攻，凭借步兵和坦克为第十军打开一条通路。此次进攻如果成功，必定影响深远。

1942 年 10 月 30 日

首相致特德空军中将：

你已从海、陆、空三路大举杀入敌军，取得了辉煌战绩，为此特向你表示热烈祝贺。请代我向科宁厄姆以及曾在利比亚沙漠中热情欢迎过我的皇家空军官兵致以问候。那时我就确信胜利很快便会到来。如今，胜利终于到来了，你们所有人都为这场胜利贡献出了自己的力量，这是值得称颂的。

1942 年 10 月 30 日

特德空军中将致首相：

我谨代表这里的全体空军官兵对您那封振奋军心、鼓舞士气的贺电表示最诚挚的谢意。我们正在全力推进，决心奋战到底。

1942 年 10 月 31 日

亚历山大将军致首相：

感谢您鼓舞人心的电报。敌军还在拼死挣扎，但我军依然在持续全力打击敌军，未有丝毫松懈，毫不留情。敌人极有可能在近期崩溃。

1942 年 10 月 31 日

亚历山大将军致首相及帝国总参谋长：

截至 10 月 31 日清晨六时，据估计我军死伤人数如下：阵亡、负伤及失踪的军官六百九十五名，士兵九千四百三十五名。

伤亡最重的部队为第五十一高地师及第九澳大利亚师，两个师各损失两千人左右。第十装甲师损失一千三百五十人。

受损坦克的修复工作正在顺利进行中。最初的六天之内，共修复完成二百一十三辆坦克，只有十六辆坦克确定无法修复。

1942 年 11 月 1 日

*　*　*

目前，蒙哥马利已为决定性战役——“增压”作战计划拟好了方案，也做好了部署。他还重组了由第二新西兰师和第一英国装甲师组成的战线。其中，第一英国装甲师刚在腰子岭击退德国装甲兵的战斗中发挥了重大作用，现在急需整顿。蒙哥马利将军还将第七师和第五十一英国装甲师以及第四十四师的一个旅合并，组成新的后备力量。此次突破任务将由第二新西兰师、第一百五十一和一百五十二英国步兵旅以及第九英国装甲旅担任前锋。

在此期间，亚历山大汇报说：

> 10 月 28 日夜间和 10 月 30 日，澳大利亚军队两次向北朝海岸地区发起进攻，最终成功将留在该处的四个德国营困在袋型阵地中。敌军似乎已经坚信我们的攻击目标是公路和铁路线，因此，他们激烈地抵抗我方进攻。敌军将第二十一装甲师从我们突出部的西侧向前调动，与正防守着我军突出部北翼的第九十轻装师合并，两支军队同时发动猛攻以解救被围困的部队。敌军还将其最后一支储备军队，也就是的里雅斯特师，调至第二十一装甲师原来的阵地。当敌军为解救一个团而分散兵力，动用了最后一支后备军队时，我们便可以不受干扰地整编部队，以便执行“增压”作战计划。

经过艰苦卓绝的战斗后，澳大利亚军队一路向前挺进，扭转了整个战局，使得形势有利于我方。11 月 2 日凌晨一时，“增压”行动展开。在三百门大炮的掩护下，第二新西兰师下属的几个英国旅突破了敌人的防区，第九英国装甲旅打头阵，直捣敌人阵地。但是他们发现，在通往阿拉曼的沿线地带，其所面对的敌军新防线配备了强大的反坦克武器。在长时间的交战过程中，该旅损失惨重，但却为后续部队开

辟了一条通路，第一英国装甲师便取道这一通路向前挺进。之后，本次战役的最后一次装甲会战打响了。敌军所有残存的坦克猛攻我军突出部，但均被击退。决战的时刻来临了。第二、第三天，空军便报告敌军已经开始撤退，但敌军在前往阿拉曼沿线上所部署的后卫兵力仍旧牵制着我军主力。希特勒下令禁止其军队撤退，但情形已不是德国人所能控制得了的。我们现在只需要再打开一个缺口，便可取得这场战役的胜利。11 月 4 日一早，第五印度旅在特勒阿格及尔往南五英里的地方发起突袭，最终取得完胜。现在，我们已经赢得了这场战役的胜利，我装甲军通往广袤沙漠的道路也已被肃清。

亚历山大将军致首相：

历经十二天艰苦卓绝的战斗，第八集团军已将隆美尔统率下的德军和意军打得落花流水。敌军前线也已被突破，大批英国装甲部队已通过突破口，现正在敌军后方作战。部分尚能脱身的敌军正在全面撤退，而我装甲军、机动部队以及空军正穷追不舍。敌军其余各师仍在原地挣扎，妄图转败为胜，但很可能被包围，连撤退的路径都被切断，终至无路可退。

自始至终，皇家空军大力支援着陆上战斗，并连番轰炸着敌人正在撤退的部队。

1942 年 11 月 4 日

战斗仍在继续。

首相致亚历山大将军：

你的副将蒙哥马利足智多谋，在其指挥下，第八集团军在埃及战役中大获全胜，对此我向你表示衷心祝贺。尽管数天甚至数周才能得见战果，但显而易见，这是一场至关重要的胜利，它将影响到本次世界大战的整个未来走向。

如果你在电报中提到的合理愿望得以实现，且敌军大规模被俘和全面溃退成为定局时，我建议全英国鸣钟以示庆祝，自战争爆发以来，这将是破天荒头一次。请你在接下来的几天里让我得偿所愿。我需要至少两万名俘虏。你会发现，这样的一种示威，对即将到来的“火炬”行动很有帮助——既可以鼓舞我们在“火炬”行动地区的盟友，又可以蒙蔽敌军，让他们觉察不出我们很快便会发起下一次行动。

“火炬”行动的调兵部署正在按部就班地进行，目前为止保密情况良好，为人称奇。用不了多久，我们就要重新审视战局了。

1942 年 11 月 4 日

*　　*　　*

隆美尔正在全线撤退，但其交通工具和汽油有限，仅能供部分士兵使用；骁勇善战却无情无义的德军撇下了意大利人，优先将车辆留给了自己。六个意大利师的数千士兵就这样被遗弃在荒漠之中，缺水少食，只能沦为战俘。战场上散落着大量的坦克、大炮以及车辆，它们或已损坏，或已再也无法投入使用了。根据德方记载，交战伊始，其装甲师有二百四十辆坦克可用，11 月 5 日集合时仅余三十八辆。在我方空军压倒性的优势面前，德国空军明白战胜我方空军根本毫无希望，便干脆放弃了战斗。于是，我方空军得以全力攻击狼狈西撤的敌军士兵和车辆纵队。就连隆美尔本人也曾高度赞赏英国皇家空军的卓著功勋。隆美尔军的溃败已成定局，连其助手冯·托马将军以及九名意大利将领都已落入我军手中。

我军极有希望将惨败的敌军追击至全军覆灭。新西兰师向富凯追击，但 11 月 5 日，该部抵达富凯时，敌军已然离开此地。我军依然有机会在马特鲁港堵截敌军，第一及第七英国装甲师已向该港进发。6 日夜幕降临时，我军接近了目标。此时敌人正竭力从我军缩紧的包围

圈中逃脱。随后，下雨了，汽油短缺，7 日一整天，我军追击被迫暂停。这一停就是二十四个小时，我军也就未能完全包围敌军。然而，四个德国师和八个意大利师已经方阵大乱，溃不成军。三万敌军沦为我军俘虏，大批各类物资收入我军囊中。据记载，隆美尔评价我军炮手在对德战役中发挥的作用时，说道：鼎鼎有名的英国炮队再次展现了卓越才能，尤其值得一提的是其高度机动性和突击部队应有的反应速度。

我们可以用亚历山大将军的一段话来结束对德军此次战败经过的记述。下文摘自亚历山大将军 11 月 9 日所发电报：

这场伟大的战役可以分为四个阶段：第一是整合、集结我方兵力并运用欺瞒战术迷惑敌军，此战术是为奇袭所设，也是获得胜利的因素。第二是突破——集结所有兵力，深入敌方防线打开缺口。随后我军一分为二，形成两个侧翼，为我方进攻带来更多机会。第三是声东击西，转移敌军注意力，使敌军派遣后备军以堵住缺口并进行多次反击。最后是猛攻，击溃敌军最后一条防线，开拓出一条通路。我装甲部队和机械化步兵得以经此路直捣敌军。

亚历山大将军致首相：

鸣钟吧！据估计，我军已俘获敌军两万人，虏获敌军坦克三百五十辆、大炮四百门、军用物资数千吨。现在我军先头机动部队已抵达马特鲁港以南的地方。第八集团军正在向前挺进。

1942 年 11 月 6 日

回想起1917年康布雷战役[①]之后发生的事情，我三思之后决定还是在“火炬”行动取得佳绩之后，再鸣钟为好。“火炬”行动现已迫在眉睫。我希望“火炬”行动无论如何都能在本周内展开，我也是这样告诉亚历山大将军的。

* * *

阿拉曼战役与沙漠战场的先前战役均不相同。本次战役战线长度有限，防御重重，并有重兵把守，还没有侧翼可供包抄。因而只有实力更强的一方才能打开突破口，发动进攻。这种战术让我们回想起第一次世界大战时在西线的那些战役。仿佛1917年底康布雷战役以及1918年那些比拼实力的战役正在埃及重演。也就是说，阿拉曼战役同这些战役一样，攻方都掌握着短近而且状况良好的交通线，需要最大限度地利用炮兵集中轰击，以连续猛烈的炮火组成弹幕向前挺进，并用坦克开路。

蒙哥马利将军及其上级亚历山大均经验丰富，精于研究，很有头脑，因而深谙战争之道。蒙哥马利还是一名杰出的炮术专家。就像萧伯纳谈到拿破仑所说的一样，他深信“大炮是有力的杀人武器”。我们总能看到蒙哥马利将军喜欢将三四百门大炮投入战斗，并统一指挥，而非让炮队进行小规模交战。当然，无论在哪个方面，这场战役的规模都比在法国和佛兰德的战役小得多。在阿拉曼的十二天里，我们损失了一万三千五百人，而在索姆河战役[②]中，头一天我们就折损了六万人。另外，自“一战”后，我方军队防御火力得到了惊人提升。

① 一战期间，英军和德军在法国北方康布雷地区进行交战，英军首次大规模使用坦克，对德军发动进攻，大获全胜。但是获胜不久，德军实施反突击，英军转胜为败。——译者注

② 1916年7月1日到11月18日间，英法两国联军为突破德军防御并将其击退到法德边境，于是在位于法国北方的索姆河区域实施作战。双方伤亡共计130万人，是一战中最惨烈的阵地战，也是人类历史上第一次把坦克投入实战中。——译者注

“一战”期间，我们认为不仅在炮火数量，而且在士兵的人数上，必须以二对一或是以三对一，才能穿透并攻破对方严防死守的战线。在阿拉曼我们并没有此类优势。敌军前线有密集的前沿据点和机关枪架设点，这样的防御体系遍布整个纵深区域。阵地前还有数个雷区作为广阔屏障，其地雷质量之高、密度之大是空前的。由于以上种种原因，阿拉曼战役将在英国军事年鉴上写下浓墨重彩的一页。

这场战役将名垂青史还有另一个原因。实际上，这场战役是“命运的关键”的转折点。我们几乎可以这样说“阿拉曼战役之前，我们从未胜利；阿拉曼战役之后，我们再无失败”。

第四章

FOUR

火炬已点燃

戴高乐将军的处境——舰队驶近目的地——战斗打响了！——11月8日，美军进攻奥兰——奥兰及阿尔及尔两地的法军停止抵抗——“西方特种部队”开始登陆——法国舰只与美国舰队激战——德军入侵法国未沦陷地区——达尔朗下令北非全境全面“停火”——赖伐尔控制贝当元帅——安德森将军接管阿尔及利亚的军事指挥权——迅速东进

罗斯福总统对戴高乐将军抱有成见，而且他一直通过李海海军上将与法国维希政府保持联系，再加上他依旧为两年前达喀尔之战泄密一事耿耿于怀，基于这三个原因，罗斯福总统决定不向自由法国人士透露“火炬”作战计划的相关信息。我并不反对罗斯福总统的决定。但我仍然在意英国和戴高乐之间的关系，我们故意不让戴高乐知晓该计划，定会使他倍感屈辱。因此，我打算在进攻即将开始之前告诉他此事，并准备把马达加斯加岛托付给他，以此减轻对他和他所领导的运动的怠慢。在“火炬”战役的准备阶段，我们面临的所有事实，以及之后我们所获悉的一切情况都证明：倘若当时让戴高乐参与此事，定会令在北非的法国人极度不满。

前海军人员致罗斯福总统：

1. 如果确定进攻当天天气良好，我必须在进攻前一天向戴高乐说明“火炬”计划。想必您也记得，我曾于1940年与戴高乐正式交换过信件，承认他是自由法国人的领袖。我深信，戴高乐很有军人气节，值得信赖。

2. 我会向戴高乐说明，因为“火炬”计划是美国的计划和机密，所以我才没有告诉他。此外，我们不让他们参与该计划，并不是因为我们对他和他所领导的运动怀有恶意，而是因为执行“火炬”计划的地区情况复杂，需要尽可能避免战斗。我计划让戴高乐在星期五某个时间宣布任命勒·让蒂奥姆将军为马达加斯加总督的决定。我们一直觉得，这项任命不仅能对戴高乐有所安慰，还能证明我们并非想背弃自由法国人士。至于戴高乐和吉罗的关系，在我看来，他们二人定会在政治上通力合作，尽管我无法预见他们会在何种情况下进行合作。希望我提出的方针能得到您的支持。

1942 年 11 月 5 日

罗斯福总统致首相：

争取大部分在非法军归附我方远征军一事，原本大有希望。而让戴高乐参与“火炬”计划，恐怕会对此事产生不良影响，我对此深感忧虑。

因此，我认为在登陆成功前，您最好不要向戴高乐透露任何有关“火炬”计划的信息。登陆成功后，您可以告诉他，经我批准，美国远征军司令官坚决对本次行动完全保密，作为必要的安全措施。

戴高乐周五宣布马达加斯加总督的任命，这对“火炬”计划毫无帮助。而且，他目前只需在追随者中维持威信即可。

李海海军上将完全赞同上述观点。

1942 年 11 月 5 日

显然，我们需要物色一位杰出的法国人士；而在英国人和美国人眼中，吉罗将军是最合适的人选。这位高级将领斗志昂扬，他在德国惊险大胆的越狱事迹已传为佳话。我在 1937 年参观马奇诺防线时曾在梅斯见过吉罗，当时他负责马奇诺防线上的关键区域。我已在本书中叙述过这次见面的情况。当时他曾告诉过我，他在一战时越狱后在德军阵地后方的冒险经历。由于我也越过狱，这让我们二人产生了一些共鸣。现在，担任集团军司令官的吉罗再次越狱成功，从德军手中逃脱，重演了他青年时代的壮举，而且这次更为轰动。有意思的是，早在4月，总统的“秘密的战争婴儿”“火炬”作战计划还未诞生之时，我就给总统发过以下电报：

> 我对吉罗将军越狱并抵达维希一事非常感兴趣。在开展您所希望的行动时，此人或许能发挥关键作用。请告诉我您知道的一切。
>
> 1942年4月29日

现在，六个月已经过去了，这一切都变得至关重要。美国人已秘密会见了吉罗将军，并制定了计划，以便在关键时刻将他从里维埃拉送至直布罗陀。我们在代号为“要人”的吉罗将军的身上寄予了诸多希望。11月3日，我致电总统，内容如下：

> “要人”发电称，他已决定立即赴英，并请求我们派一架飞机将他送往直布罗陀。艾森豪威尔已作回复，建议他乘坐一艘英国潜艇前去，该潜艇由美国艇长指挥，现已在海岸边待命。

吉罗和他的两个儿子在海上饱经凶险，最后安全抵达直布罗陀。

* * *

在此期间，我方庞大的舰队即将抵达目的地。我们决心不遗余力确保它们顺利通行。由于大部分从英国港口驶出的运输船只必须要穿越所有德国潜艇的横行之地，驶过比斯开湾，因而需要强大的护航舰队，而且我们还必须巧施障眼法，瞒过敌人耳目，不让他们得知大批船只从10月初就已开始在克莱德湾和其他英国西部港口集结，也不能让他们得知护航队具体出航时间。我们十分顺利地完成了任务。德国人根据他们自己收到的假情报，误以为我们本次行动的目标还是达喀尔。因而到10月底，他们已在亚速尔群岛以南和以东的地方派驻德国潜艇和意大利潜艇，共约四十艘。这些潜艇重创了一支由塞拉利昂驶回英国本土的庞大的运输船队，共击沉十三艘船。在当时的情况下，我们尚能承受这种损失。10月22日，第一批“火炬”运输船队从克莱德湾起航。到26日，所有快速运兵船均已在航行途中，美方部队也已直接从美国本土出发，驶往卡萨布兰卡。这样一来，这支由约六百五十艘舰只组成的远征军现已全体出动。这些舰只或渡过比斯开湾，或穿越大西洋，德国的潜艇和空军均没有发现他们的行踪。

我们已动用全部可用资源。我方部分巡洋舰正在遥远的北边监视着丹麦海峡以及北海的出口，防止敌人海上舰只干扰我方行动；其他巡洋舰则在亚速尔群岛附近美国舰只的必经之地进行掩护。英美轰炸机部队则袭击了法国大西洋沿岸的德国潜艇基地。尽管德国潜艇已明显向直布罗陀海峡集中，但在11月5日至6日夜间我们的先锋舰驶进地中海时，德军依旧浑然未觉。直至7日，我方驶往阿尔及尔的船只还有不到二十四小时就能抵达目的地时，才被敌军发现，但即便如此，也只有一艘船遇袭。

罗斯福总统发表声明的时刻已经到来。他在发给我的初稿中，称呼贝当为“我亲爱的老朋友”，并且重提有些过时的1916年凡尔登的辉煌战绩，这让我不禁有些担忧。我认为这样做会使戴高乐主义者与我们断绝往来。

前海军人员致罗斯福总统：

请允许我指出，在我看来，您写给贝当的那份声明语气似乎过于亲切。贝当目前的威望肯定很低，而且他曾利用自己的威望给我们的事业造成了极大损失。我们对戴高乐主义者负有重大责任，而且现在还将他们排除在“火炬”计划之外，因此，请您考虑一下，发表这样的声明会对他们产生何种影响。还有人提醒我，这份声明发表后，也会在其他多个战区产生不良影响。当然，在信件中向贝当表示友好完全正确，但是能否请您稍微调整一下语气。

1942 年 11 月 3 日

罗斯福总统致首相：

我同意调整我写给贝当的那份声明的语气。我已重新写过一份声明。我确信，这份重写的声明绝不会让法国朋友们感到不愉快。

1942 年 11 月 4 日

总统所做的修改着实令人满意，读者可以参阅已发表的霍普金斯文件①中的该声明的副本。

* * *

英美首次大规模作战的临时司令部设在了直布罗陀。此前，我已将此要塞交托给艾森豪威尔指挥。因此，11 月 5 日，艾森豪威尔冒险飞抵直布罗陀。

直布罗陀已进入这场战争的高潮阶段。当然，我们自 1939 年 9 月以来就采取了军事防御措施，做好准备，以免受到围困。在面朝西班牙的边界地带，我们已逐渐建立起坚固的防御体系。该阵地上方便是直布罗陀岩壁，岩壁上已被爆破出许多坑道，以便安置大炮，控制地峡。此外，我们还采取了措施，抵抗来自空中、海上和空降部队的袭击。由于水源稀缺，到 1940 年中，我们已在坚固的岩石中建成了数座

① 参阅《哈里·霍普金斯的白宫文件》。

蒸馏水工厂，从而提供了充足的水源供应和储备。这项工程极为浩大。

新飞机场的扩建和使用，是直布罗陀为战争做出的最大贡献。直布罗陀机场最初是一个小型机场，只有一条建在跑马场上的飞机起落跑道。该机场从 1942 年起开始扩建，最后建成了一条超过一英里长的宽阔跑道。这条跑道是由凿坑道时凿出的碎石筑成的，它的西端一直延伸至直布罗陀海湾。这里集结了大批执行“火炬”计划的飞机。整个地峡被飞机挤得满满当当，共有十四个战斗机中队在此待命。然而，德国空军侦察员监视着我们的一切活动，但愿他们认为我们会将这些飞机用于马耳他岛的支援。因此，我们竭力制造这种假象，而他们显然也信以为真。

艾森豪威尔将军说得对，“如果没有英属直布罗陀，我们不可能进攻非洲西北部”。①

艾森豪威尔将军致首相：

我于昨日平安抵达直布罗陀。

我希望能在登陆前将“要人”接来北非。但实际安排取决于天气，如果天气良好就能让他乘坐潜艇再转乘飞机。之后我会就此事作正式报告。

在过去数月中，您一直给予我支持与鼓励，对此我再次向您表达衷心感谢。我军斗志昂扬，并坚信幸运会一直眷顾我们。

1942 年 11 月 7 日

吉罗按时抵达约定地点，为让一切顺利进行，我给他发了一封电报，内容如下：

我们二人都曾越过狱，我很高兴能与您共事。我还记得

① 参阅艾森豪威尔的《欧洲十字军》。

我们在梅斯时的谈话。三十五年以来，我一直对法国很有信心。同时，我们两国即将与美国首次联合发动大规模进攻，以收复阿尔萨斯—洛林，这让我非常高兴。

艾森豪威尔将军致首相：

接到您的电报后，“要人”十分高兴，他托我向您转达：

承蒙惠电，不胜感激。我也记得，我们在梅斯相谈甚欢。我和您一样，虽然经历了许多艰难与考验，但我们定能取得最终的胜利，对此我从不怀疑。如今，我坚信在各方努力下，阿尔萨斯和洛林仍将归法国所有。

1942 年 11 月 8 日

此番前来，吉罗原以为自己会被任命为北非最高司令官，指挥美英两国的军队，而他之前并不知道英美联军的力量究竟有多强大。他强烈要求将登陆地点选在法国而不是北非，或者在两地都进行登陆，而且在很长的一段时间内，他一直以为这是切实可行的。在与艾森豪威尔将军进行了长达四十八个多小时的辩论后，这位勇敢的法国人最终才认识到事情的轻重缓急。我们当时对“要人”期望过高，但没有人比他更清楚，他本人对法国驻北非的省长、将领尤其是军官团的影响力。

*　　*　　*

战斗终于爆发。艾森豪威尔将军在回忆录中生动地叙述了在 11 月 7 日至 8 日的那一个晚上以及之后的几天里他焦虑不安的经历。艾森豪威尔将军一向善于承受这种压力。然而，这场战斗赌注巨大，天气变幻无常，很有可能由于天气不佳前功尽弃，所获消息零零碎碎，法国人的态度捉摸不定，西班牙虎视眈眈——且不论战斗本身，就单说上述这些困难，对这位身兼重任又直接负责的司令官来说，已无疑是一场十分严酷的考验。

*　　*　　*

正在此时，又发生了一件奇怪的事情，但此事最后的结果却对我们极为有利。达尔朗海军上将在巡视完北非后便回到了法国。但这时，他的儿子突患小儿麻痹症，被送进了阿尔及尔的医院。这位海军上将得知儿子病危的消息后，于 11 月 5 日飞回北非。于是，在英美准备发动大规模进攻前夕，达尔朗恰巧就在阿尔及尔。这是一个意外的巧合，为本次行动增添了麻烦。罗伯特·墨菲先生希望达尔朗能在我军登陆前离开阿尔及尔。但由于挂念儿子的病情，达尔朗在阿尔及尔逗留了一日，住在法国官员费纳尔海军上将的别墅。

近几周以来，我们一直将阿尔及尔的主要希望寄托在法国军事长官朱安将军身上。朱安与墨菲向来关系密切，但墨菲暂时没有告诉他确切的登陆日期。11 月 7 日午夜刚过，墨菲前去拜访朱安，告诉他盟军即将登陆。在占据绝对优势的海军、空军的支援下，一支声势浩大的英美联军即将抵达北非，几个小时内便可登陆。虽然朱安将军已全身心投入这项事业中，且忠心耿耿，但他得知此事后仍然感到十分惊讶。他原本以为自己可以掌控阿尔及尔全局，但他知道达尔朗还在此处，而达尔朗的职权远远高于他。目前，朱安手下只有几百名热情的法国青年。他也很清楚，所有军政大权都已从他手中转移到维希政府的副元首——达尔朗海军上将手中，所以此刻当地官兵绝不会听从他的号令。朱安将军质问墨菲为何不早点告诉他登陆的时间。其实理由非常明显，而且告不告诉他这一事实与他的职权毫无关系。因为只要达尔朗在阿尔及尔，所有效忠维希政府的法国人就会对达尔朗唯命是从。于是，墨菲与朱安决定打电话给达尔朗，请他立即来他们这里。不到凌晨二时，朱安将军打电话唤醒了还在睡梦中的达尔朗，称有急事需要同他面谈，于是达尔朗便来了。达尔朗得知联军即将登陆的消息后，气得满脸通红，说道：“我早就知道英国人愚蠢，但一直认为美国人要聪明一些。现在我觉得你们美国人犯的错误也不比英国人少。”

众所周知，达尔朗反感英国。长期以来，他一直投靠轴心国。1941 年 5 月，达尔朗不仅同意在达喀尔为德国人提供便利，还同意他们取道突尼斯向隆美尔的军队输送物资。幸好时任维希政府驻北非法军司令的魏刚将军制止了这一背叛行为，他成功说服贝当，拒绝德方这一要求。尽管当时德方海军参谋人员对此表示反对，但希特勒专心筹备即将发动的苏联战役，便没有强求此事。同年 11 月，德国人认为魏刚不可靠，便解除了他的职权。虽然没有听说轴心国计划利用达喀尔来对付我们，但到了后来，突尼斯各港口却对轴心国的船只开放，并在 1942 年夏季，在德国向隆美尔的军队输送物资的过程中发挥了作用。虽然现在战况发生了变化，达尔朗的态度也有所转变，但是不管他打算如何协助英美占领西北非，他还是彻底效忠于贝当。达尔朗也明白，如果他转投盟国，德国必定会侵占法国未战领区，这样的话，他将要对此事负责。因此，尽管墨菲和朱安百般劝说，他也只是同意发电报请求贝当准许他自由行事。这一连串无情的事件使达尔朗的处境变得非常艰难，而这一做法是他唯一的出路。

在此期间，原计划也正在实施当中。很快，一群持枪的反维希法国青年便包围了朱安的别墅，他们决心要查明，别墅里的人究竟打算如何行动。他们封锁了别墅的出入口。黎明前，警局按规定派了五十名警察来到别墅，驱散了这群违法青年。他们逮捕了朱安、墨菲以及墨菲的助手——美国驻马拉喀什副领事肯尼思·彭达先生，等候达尔朗的下一步指示。达尔朗授权彭达先生把他要发给贝当的电报送到阿尔及尔的法国海军司令部。在核实过这封电报的真实性后，值班的法国高级将领便把它发送出去，但扣留了送信者。而这时，登陆时刻已经来临，盟军开始在阿尔及尔和奥兰登陆。天亮以后，消息接踵而至，达尔朗和朱安两人动身前往帝王堡内的阿尔及尔法军总部，一路上两人都互存戒心，而墨菲先生仍被警察软禁在别墅里。上午七点四十分，达尔朗在阿尔及尔法军总部又给贝当发送了一封电报，内容如下：

> 上午七点三十分的战况如下：美国军队和英国舰只已在阿尔及尔及其附近地区进行登陆。守军在数个地点，尤其是在港口及海军司令部两处，击退了美军。但在其他地点，由于美军采取突袭，现已成功登陆。局势正在恶化，守军难以招架。各方报告表明，联军正准备进行大规模登陆。

11 月 8 日凌晨一时刚过，皇家海军巴勒海军少将便指挥英美军队开始在阿尔及尔的东西部多地登陆。我们之前曾进行了极为细致的准备工作，以引导登陆艇在我们选定的海滩上登陆。在西面，英国第十一旅的先头部队大获全胜；而在东面，运载美军的舰船和登陆艇遭遇了始料未及的浪潮，其登陆地点偏离了原定地点几英里，从而在黑暗中造成了一些混乱，也耽搁了一点时间。幸好我们在沿海地带遭到的袭击和抵抗都不太猛烈。天亮后，援兵抵达，我们很快就完全掌控了局势。此外，海军航空兵部队的一架飞机因观察到地面上有友好信号，便降落在了卜利达机场，并与当地法国指挥官合作，占领了该机场，直至盟军从海滩赶来支援。

阿尔及尔港的战事最为激烈。两艘英国驱逐舰“布罗克”号和“马尔科姆”号试图强行驶入该港，让美国突击队在防波堤上登陆，从而占领港口和炮兵阵地，并阻止法国人凿沉舰只。这一行动颇为大胆，但也使得这两艘英国军舰遭到守军大炮的近距离平射，最终以悲剧收场。“马尔科姆”号很快受创，而“布罗克”号在第四次尝试后终于顺利驶入该港，船上部队这才得以登陆。后来，“布罗克”号由于受损严重，于次日撤退时沉没。许多士兵也因此被困在岸上，被迫投降。

上午十一时三十分，达尔朗再次给他的上级贝当发去一份电报，内容如下：“阿尔及尔或许会在今晚失守。”下午五时，他又发了一封电报，写道：“尽管我军已竭力拖延，但美军还是进入市区，我已授权当地驻军司令朱安将军，前去谈判阿尔及尔城投降一事。”法国人释放了彭达先生，并给了他一张通行证，允许他去见美军司令。晚上七时，阿尔及尔投降。自那时起，达尔朗海军上将便被美方控制，朱安将军则在盟军的领导下，重获指挥权。

* * *

美军“中央特种部队”在奥兰发起进攻，这支军队此前曾在英国受训并登船。11 月 8 日凌晨一时左右，该军在英国海军支援下，于城东的阿尔泽湾发起进攻，同时在奥兰西面两处发起小规模登陆。同阿尔及尔相比，此处法军的抵抗更为激烈。这是因为该地守军包括许多曾在叙利亚与英军交战过的法国正规部队，以及对英军在 1940 年进攻米尔斯克比尔怀恨在心的法国海军部队。鉴于这些往事，美国人已预料到此处的抵抗会比其他地方更为激烈，但还是按计划进行了登陆。此时，盟军两个辅助性作战行动都遭遇了挫折。第一个是计划占领奥兰后方飞机场的空降行动，这次行动极为冒险。一营美军空降兵乘机从英国出发，执行本次任务，但是由于暴风雨，飞机编队在西班牙上空分散开来。虽然先头飞机仍坚持继续飞行，但由于航向错误，降落在了离目的机场几英里以外的地方。之后，他们与已经成功登陆的战友汇合，在夺取塔法洛伊机场一役中发挥了作用。

第二个遭遇挫折的是两艘英勇的英国小型军舰“华尔纳”号和“哈特兰”号。这两艘军舰试图让一支美军部队在奥兰港登陆。与在阿尔及尔一样，它们的目的是夺取港口设施，从而防止法国人破坏设施并凿沉舰只。因此，这支登陆队伍中包含许多熟练的技术人员。此次行动的关键在于尽快攻下奥兰港，使其成为盟军基地。在主要登陆行动开始后不久，皇家海军上校彼得斯率“华尔纳”号驶进了奥兰港，“哈特兰”号紧随其后。这两艘军舰原本是美国的缉私舰，后来美国依照租借法案将它们移交给我们。因遭遇近距离炮火猛轰，两艘军舰均被击毁，而士兵多半还在船上，也随船一同沉没了。虽然彼得斯海军上校在本次战役中幸免于难，但却在几天后飞回英国的途中因飞机失事罹难。他牺牲后，英国追授他维多利亚十字勋章，美国追授

他美国殊勋十字勋章。

黎明时分，法国驱逐舰和潜艇仍在奥兰湾坚持抵抗，但在我军占绝对优势的情况下，它们或被击沉或被驱散。海岸炮台继续抵抗着登陆部队，但遭到“罗德尼”号战列舰在内的皇家海军的猛烈炮击和轰炸。战斗仍在继续，10 日上午，已登陆的美军对该城发起最后进攻，到了中午，法军投降。

虽然这时在奥兰和阿尔及尔的法军已经停止抵抗，但在北非沿海地带，德军的反攻却在迅速增强。不久，大批德国潜艇便威胁到了对我军至关重要的海上给养供应线。他们取得了一些胜利，包括击沉三艘自登陆滩头返航已是空船的大型舰只；但我方采取了有力的反潜艇措施，到 11 月底，我军在这一带海域共击沉九艘德国潜艇。

*　*　*

摩洛哥的登陆任务由美国部队一力承担，美军的行动有望获得当地军队的大力支持。驻卡萨布兰卡的法国师长贝图阿尔将军曾参与过纳尔维克战役，对德国人恨之入骨。他负责摩洛哥海岸大部分地区防务工作，很晚才得知盟军即将登陆的消息，也做好了接受由吉罗担任法军最高统帅的准备。贝图阿尔希望届时法国驻摩洛哥总督诺盖和米歇勒海军上将能站到盟国这边。而盟军代表希望他为确保万无一失，最好还是将总督诺盖软禁起来。但贝图阿尔不打算这样做，因为他不想被人指责自己取代了上级。11 月 7 日晚上 11 时，他把了解内情的几位军官召集到司令部，并告诉他们，“美军将在明早 5 时登陆。”午夜时分，这些人分乘三辆汽车离开了卡萨布兰卡，并于两小时后占领了位于摩洛哥首都拉巴特的法军司令部以及参谋部的电话交换所和邮局。不幸的是，他们忽略了诺盖将军的秘密电话线，因此，在之后生死攸关的几小时里，这位总督还能自由地联络遍布摩洛哥各主要基地的司令官。

贝图阿尔抵达拉巴特后，便派遣他的副官带着吉罗与墨菲商谈的

详细记录，以及即将到来的盟军登陆行动的详细记录前去面见诺盖，并授命殖民地一个步兵连包围了诺盖的宅邸。诺盖勃然大怒，扣押了贝图阿尔的副官，也就是他的亲侄子，并立即给驻卡萨布兰卡海军基地的米歇勒海军上将打电话。他从米歇勒口中得知，并无迹象表明盟军已接近海岸。听到这一回答，诺盖决定采取行动。他下令摩洛哥“警戒”，并命米歇勒接管当时正在拉巴特的贝图阿尔的职权。而事实上，当时一支拥有超过一百艘舰只的美国舰队正载着巴顿将军的登陆部队逼近，距离摩洛哥仅剩三十英里的航程；可是诺盖对此事一无所知，甚至连盟军已开始在阿尔及利亚登陆一事也毫无所知。当时情形非常紧张，贝图阿尔将军自然十分焦虑。他是唯一知道登陆行动即将开始的人，但他率领一小批支持者在拉巴特发动的军事政变，反而让全摩洛哥在诺盖的命令下进入了警戒状态。

清晨五时，美国驻拉巴特副领事将罗斯福总统发来的一封私人信件交给诺盖。信中，总统请他援助盟军。两小时后，即在登陆开始后，诺盖通知当时正在阿尔及尔的达尔朗，说他已拒绝接受美国下达的最后通牒。诺盖命人包围了贝图阿尔和他为数不多的支持者们，并亲自致电，威胁要枪毙参与此事的殖民地步兵团的军官们，并立即逮捕了他们。两天后，贝图阿尔受到军事审判，11 月 17 日才被释放。

*　　*　　*

在制订作战计划时，进攻摩洛哥靠大西洋沿海地区比进攻地中海内的沿海地带更令我们担忧。因为进攻摩洛哥靠大西洋沿海地区，我们不仅要将整支远征军直接由美国港口横渡北大西洋按时运到登陆地点，而且还特别担心预定登陆的那天，海岸一带的天气可能会使我军无法登陆。11 月 7 日，休伊特海军上将的旗舰分别接到来自伦敦和华盛顿的天气预报，两份预报均显示天气不佳，因此休伊特必须立刻做出决定，是维持原计划不变，还是采用备用计划，即率领整支舰队通过直布罗陀海峡，让巴顿将军在奈穆尔附近、靠近西属摩洛哥的一片

鲜为人知的海滩上登陆。除了以上问题需要考虑外，我们还需注意一点，采用备用计划将会严重耽搁登陆时间，且可能会给我军带来致命的危险。好在休伊特海军上将的参谋人员自信地预测当地天气会暂时好转，上将也大胆支持了他们的判断，结果证明他做得没错。维持原计划不变的决定下达后，这支舰队在天黑之前便驶向了各自的目标登陆地点。

11 月 8 日黎明前，这支“西方特种部队”抵达摩洛哥海岸。考虑到夜间航行可能会在路上花费更长时间，因此，这支部队选定在该地登陆的时间比在阿尔及尔一带登陆要晚三个小时。巴顿将军之前曾对此提出批评，因为在他看来，总统致北非的法国人士的声明预计在当天凌晨一时，即英美联军登陆阿尔及尔时进行广播，晚三个小时登陆只会让摩洛哥的守军提前设防。这种见解也不无道理。但结果证明，这一广播对摩洛哥来说并不重要，不过，正如前文所述，因为接到诺盖下达的命令，守军还是进入了“警戒”状态。在本次作战行动中，舰队兵分三路进行登陆。在中央，向卡萨布兰卡附近的费达拉发起主攻。在两翼，向在卡萨布兰卡以北的利奥特港和以南的萨菲发起侧攻。当日清晨天气良好，但有薄雾，海滨的波涛没有想象中那么汹涌。后来波涛变得更为汹涌，但那时登陆部队早已在所有地区获得了稳固的立足点。在部分地点，首批登陆部队并没有遭遇抵抗，但敌方很快就加强了反抗，战斗一度十分激烈，尤其是在利奥特港附近。

海上战斗也十分激烈。尚未竣工的新战列舰“让・巴尔”号停泊在卡萨布兰卡，虽然该舰还无法航行，但其四门口径为十五英寸的大炮却已经可以发射炮弹。很快，该舰便与美国战列舰“马萨诸塞”号展开炮战。在此期间，法国舰队在巡洋舰“普里马格”号的掩护下，出海阻止我军登陆，但却恰好遇上了整支美国舰队。战斗结束后，我方共击毁法军七艘军舰和三艘潜艇，法军约有一千人伤亡。“让・巴尔”号也被烧毁，搁浅在海滩上。

9 日，美军一边巩固己方据点，一边向内地挺进。直到 11 月 11 日上午，诺盖才遵照达尔朗的命令投降。诺盖在报告中称，“经过三天激战，我方已损失所有作战舰只与飞机”。法军“普里马格”号舰长默西埃虽然希望盟军获胜，但在执行诺盖的命令时，在这艘军舰的舰桥上阵亡。默西埃海军上校处境艰难、立场矛盾，他既支持盟军又效忠维希，致使我方不少士兵丧命。如果没有发生这样的事情，我们将会感激不尽。

* * *

位于直布罗陀的艾森豪威尔将军司令部，开始陆续接到有关登陆情况以及法军正式抵抗盟军登陆的零碎消息。盟军最高统帅艾森豪威尔将军现在面临的政治局面相当严峻。他原本已同意由吉罗出任北非司令官，统率那些可能会效忠盟国的法国部队。可是达尔朗却意外出现在此地，其实只要他一句话，驻北非的所有法军就会有组织地加入盟军。我们原本预计吉罗出任司令官会是众望所归，但此事尚未得到证实，而登陆地带人们的初步反应也不乐观。因此，吉罗将军于 11 月 9 日清晨飞往阿尔及尔，就立即停止一切敌对行动的事宜与当地的法国当局进行磋商，紧接着克拉克将军作为艾森豪威尔将军的私人代表，也出于同一目的飞往该地。

当地法军高级将领接待吉罗的态度极为冷淡。美英两国的特工人员成立已久的当地反维希政府组织也已瓦解。当晚，在克拉克主持下，达尔朗和吉罗举行了首次会谈，但没有达成任何协议。显而易见，所有官居要职的法国人都不肯接受由吉罗将军担任法军的最高司令官。11 月 10 日上午，克拉克将军安排了与达尔朗海军上将的第二次会议。他用无线电通知艾森豪威尔说，与达尔朗达成协议是唯一的解决办法。而现在根本没有时间让伦敦和华盛顿方面通过电报讨论此事。吉罗并没有出席这次会议。会上，由于没有从维希政府得到指示，达尔朗显得有些犹豫。因此，克拉克留给他半个小时的时间，让他做决定。最终，达尔朗同意下令在北非全线“停火”，他“以贝当元帅的名义”接管了法属北非领地，并命令所有官员留任，各司原职。

当天晚些时候，传来了重要消息：德军已开始入侵法国未沦陷区。达尔朗的处境因而变得简单。他现在可以宣称，贝当元帅已经无法自由行事，而当地的文武官员一定会对他的话深信不疑。德国人攻占法国未沦陷区的行动触及到了达尔朗的重要神经。德军先头部队很快就会进军到土伦的法国海军基地。与 1940 年一样，法国舰队再次命悬一线。在这种情况下，唯有德高望重的达尔朗才能命令法国战舰出港。11 月 11 日下午，达尔朗果断采取行动，向法国本土发送电报称，一旦土伦舰队有被德军俘获的危险，便立刻出港。盟军已部署好海军和空军，以便在法国舰队生死攸关的时刻，护卫法国舰只突围。

*　　*　　*

结果证明，德国最高统帅部几乎直到最后一刻才知晓，浩浩荡荡驶向北非的盟军船队究竟驶向何处。虽然德国潜艇的大范围巡逻圈已有多处被切断，但一旦盟军主力舰队穿过了直布罗陀海峡，就能很明显地知道其目的地。然而即使在那时，德国人似乎还是以为这支盟军远征队要去意大利登陆或是增援马耳他岛。意大利总参谋长卡瓦洛元帅在日记中记录了一段对话，这是他偶然听到的戈林与凯塞林的一段电话通话。该段对话内容如下：

戈林：据估计，在未来四十到五十小时内这支舰队将会驶入我空军的航程内，因此我军必须做好一切准备。

凯塞林：元帅先生，如果这支船队企图在非洲登陆呢？

戈林：我觉得它们的登陆地点不是科西嘉岛或撒丁岛，就是德尔纳或的黎波里。

凯塞林：在北非港口登陆的可能性要更大一些。

戈林：没错，但他们是不会在法属港口登陆的。

凯塞林：如果这支舰队必须穿过西西里海峡，我就有时间对付它。

戈林：如果这支舰队不开往撒丁岛，就一定会穿过西西里海峡，因为意大利人并没有在西西里海峡布雷，我们应当向意大利人指明这一点。

* * *

直到11月7日午夜，德国当局才与维希政府正式会面。当晚，威斯巴登的德国停战委员会负责人召见了驻该委员会的一名法国军官，并告诉他目前一支庞大的盟军舰队已驶入地中海，其目的地很有可能是阿尔及利亚和突尼斯。德方愿意向维希提供军事援助。

* * *

11月8日凌晨，维希政府接连不断地收到盟军逼近北非的报告。时任维希政府总理的赖伐尔就住在附近，他此时还在梦中熟睡。德国驻维希的政治代表打电话叫醒他，再次向他表示，如果盟军在北非实施大规模登陆行动，德国愿意提供军事援助。随后赖伐尔急忙前往内阁。凌晨四时，美国临时代办平克尼·塔克先生带着总统的信件，来到贝当元帅的私人办公室。但此时赖伐尔已掌控一切。他召集亲信，草拟了一封字里行间都充满敌意的拒绝信，来答复美国总统，并在上午让贝当在信上签字。一小时后，维希海军部通知在阿尔及尔的达尔朗，说德国人愿意提供空军援助，以抵抗盟军登陆。达尔朗在回复中建议德国空军从西西里和撒丁岛起飞，轰炸盟军运输船只。

直到早上七时，他们才唤醒贝当元帅，告诉他这一消息。他对赖伐尔草拟的致美国总统的复信没有表露出任何情绪，甚至完全不感兴趣。他吹着一支打猎的小曲儿，毫无异议地在信稿上签了字。上午九时，贝当元帅接见了平克尼·塔克先生，将复信交给了他。关于这次会见的情景，有多个不同的说法。有人说贝当在递给塔克那封信的时候，会意地拍了拍他的肩膀。在那些日子里，这位年迈的元帅就像在做梦一样。

维希政府仍妄想充当两面派，将盟国和德国玩弄于股掌之中，然而，这种妄想很快就破灭了。由于来自纳粹的压力增加，维希内阁被迫于当天上午十一时三十分，同意德国空军从西西里和撒丁岛起飞进行支援。因为维希政府这一卑劣决定，德国人得以迅速果断地占领突尼斯各飞机场，致使我们在战役中付出了惨重代价。

当天晚些时候，维希政府再度召开内阁会议，决定正式与美国断交。

*　　*　　*

9 日晚上，希特勒召赖伐尔前往贝希特斯加登。次日清晨，赖伐尔乘汽车出发，但是由于雾气太重，他抵达慕尼黑时已经是 10 日清晨。因此，正当达尔朗在阿尔及尔与盟国谈判时，少数仍期望贝当元帅支持盟国的维希人，因得知本次谈判的消息而看到一线希望时，赖伐尔却在前往会见希特勒的途中。魏刚特意前来维希劝说贝当元帅，不要向德国人屈服，他与海军部长奥凡海军上将做出了最大努力。他们甚至已经说服贝当起草一封致达尔朗的电报，批准他的行动。但是，获悉阿尔及尔和维希的行动后，身在慕尼黑的赖伐尔勃然大怒，以辞职为要挟，迫使贝当元帅撤回了那封要发给达尔朗的电报。

当天下午，赖伐尔会见希特勒。德国元首希特勒有意夸大历史，与赖伐尔大谈法德两国过去的关系。他还给赖伐尔看了德意两国的联合照会，要求法国同意让轴心国部队在突尼斯登陆。据当时在场的齐亚诺说，赖伐尔显得十分可怜。他的说法可信度很高。11 月 11 日清晨，阿贝茨叫醒赖伐尔，告诉他希特勒已下令让德军攻占法国未沦陷区。同日，意军占领法国尼斯和科西嘉。维希政府就此垮台。

*　　*　　*

德国人截获了达尔朗发给维希政府的电报，随后向赖伐尔施压，让他勒令贝当发电报至阿尔及尔，否决达尔朗采取的行动。克拉克将军发现达尔朗显然准备撤回他已发出的指令后，逮捕了达尔朗。然而，贝当用海军专用密码传来密电，而德军也继续挺进法国未沦陷区，这让阿尔及尔局势恢复正常，当地相关人士心情也有所好转。次日，即11月11日，双方一致同意应由达尔朗发出明确指令，命令土伦舰队起航离港，并致电法国驻突尼斯总督埃斯特瓦海军上将，要求他加入盟军。

*　　*　　*

埃斯特瓦海军上将是维希政府忠实的公仆。由于事态急转直下，他感到越来越惶恐不安。由于距离西西里及其东部边境上的敌军较近，他的处境比达尔朗和诺盖还要糟糕。他的高级幕僚也同他一样优柔寡断。德国空军部队已在11月9日占领阿维纳的一处重要机场。同日，德意部队到达突尼斯。当的黎波里塔尼亚的轴心国部队由东方挺进突尼斯，且盟军部队由西方开进突尼斯时，埃斯特瓦心情沉重，犹豫不决，还坚持在形式上效忠维希政府。另一位法国将军巴雷最初也因面临同样的问题不知所措，最后率领大部分法国守军往西投奔到吉罗将军麾下。亲爱的读者，想必你们从来没有遇到过这样的难题。而在比塞大港，有三艘鱼雷艇和九艘潜艇向轴心国军队投降。

有一支法国舰队自1940年起就一直驻扎在亚历山大，我们曾与该舰队的司令戈德弗鲁瓦海军上将进行过谈判，但并没有取得成果。戈德弗鲁瓦海军上将一直对维希政府忠心耿耿，拒绝承认达尔朗海军上将的权威。而且在他看来，盟军只有征服了突尼斯，才能宣称自己有解放法国的能力。因此，在我方占领突尼斯城以前，他率领的舰只仍

闲置在亚历山大。

在达喀尔，维希政府总督布瓦松接受了达尔朗于11月23日下达的停止抵抗的命令，但当地的法国海军部队却拒绝加入盟军。在我军征服整个北非后，达喀尔的"黎歇留"号战列舰和跟它在一起的三艘巡洋舰才加入我方阵营。

*　　*　　*

阿尔及尔登陆行动成功后，安德森将军便立即按照之前的安排，接替美国赖德将军进行指挥。之后，安德森将军派第三十六步兵旅经海路攻打布日伊。该旅并没有遇到抵抗，一路长驱直入，于11月11日占领布日伊；第三十六步兵旅的一个营于次日抵达季杰利机场。11月12日，在海上突击队的支援下，英国两个伞兵连在波尼降落。16日，其他伞兵在苏格艾尔巴机场降落，并从该地出发向巴杰挺进，行军途中遭遇德军。第三十六旅经由公路急速行军，进入突尼斯，于11月17日在阿比奥德山与德军交战。在此期间，美军伞兵于15日在尤克斯盐沼降落，两日后抵达加夫萨。

我军行动迅速，长驱直入，顺利占领阿尔及利亚东部各处机场，这些机场对支援我军地面部队必不可少。因为我军现在距离直布罗陀已有八百英里，当地机场的飞机已无法掩护他们。本次行动进展神速，彰显了我军英勇无畏和积极进取的精神。但由于现在要与敌军交战，我军行动速度也随之变缓。德方已迅速采取对策。首批德国军队于11月9日乘飞机抵达这一战场。德军有两个伞兵团和四个营的士兵原本是用来增援隆美尔的，不久后也前来阻拦我军继续前进。此外，德军第十装甲师的先头部队、意军的两个贝萨格利里营、意军苏配尔加步兵师的六个营紧随其后。到月底，在突尼斯的轴心国部队士兵已达一万五千名，并配备坦克一百辆、野战炮六十门和反坦克炮三十门。轴心国的俯冲轰炸机将突尼斯尚完好的机场作为基地，也开始骚扰我军。不过，这样一来我们分散了轴心国兵力，从而减轻了苏军的负担，因

为在 11 月里，德军从与苏军交战的东线抽调了四百架作战飞机，其中多半是远程轰炸机，用于地中海战区。德方在地中海战区部署的空军兵力占其空军总数的四分之一，而在十八个月前，只占了十二分之一。

* * *

英美联军在北非登陆一事，很快便对法国产生影响。德国人早在 1940 年就已经拟定占领法国自由区的详细计划，计划代号为“阿提拉”。1940 年 12 月 10 日，希特勒发出关于这项计划的指示。该计划原本是为了应对魏刚在北非的一切敌对行动。每当法德关系紧张，执行“阿提拉”作战计划便被提上议程。该计划的主要目标是，在不破坏停泊在土伦的舰队的情况下，夺取舰队主力。但希特勒和雷德尔一致力求与维希合作，希望能避免在占领整个法国后要承担随之而来的义务。

但是盟军在北非登陆一事，彻底改变了当前形势。赖伐尔在贝希特斯加登告诉德国人达尔朗在阿尔及尔和盟国谈判一事，很有可能起到了决定性作用。艾森豪威尔将军也同德国人一样，急于将法国舰队纳入麾下。其实他与达尔朗谈判主要是因为维希的海陆军将领都听命于达尔朗。德国人显然不能冒任何风险让这支舰队落入艾森豪威尔手中，因此，在达尔朗致电维希和土伦，催促法国舰队起航驶往由盟军控制的港口的同时，德军也正急速赶往地中海海岸。

维希海军部长奥凡海军上将本想支持达尔朗，但迫于赖伐尔的威胁和土伦的法国海军将领的态度，他有心无力。土伦舰队司令拉博德海军上将对英国人恨之入骨。听到盟军登陆的消息后，他便希望能出海攻击盟军运输船队。因此，他拒绝了达尔朗让土伦舰队开往北非的要求，而在德军抵达法国海军基地外围时，与德方达成了一项协议，且根据这项协议，由法军守卫在该港周围设立的自由区。奥凡极不情愿地签署了这项协议，并试图加强该港的防御。但在 11 月 18 日，德方出尔反尔，要求全体法军撤出该区，而该区又只能由海军守卫。因此，奥凡于次日辞职。

此时，德方计划突袭法国舰队，并于 11 月 27 日采取行动。包括最后起义的拉博德在内的少数几名军官英勇机智，使法方得以凿沉全部法国舰艇。法方共有七十三艘军舰在港口沉没，其中包括一艘战列舰、两艘战列巡洋舰、七艘巡洋舰、二十九艘驱逐舰和鱼雷艇，以及十六艘潜艇。

* * *

“火炬”行动战果辉煌，而且就其本身而言，是一场十分出色的行动。我方并没有付出太多代价便攻占了阿尔及尔和卡萨布兰卡，部分原因在于达尔朗海军上将的介入。可惜由于突尼斯的法军将领犹豫不决，我方未能大获全胜。坎宁安海军上将在相关报告中写道：“在最初进攻波尼时，我未能采取更为果断的战略，这是我终生的遗憾。敌方当时惊慌失措，我方却未能给予他们决定性的最后一击。”

第五章

FIVE

达尔朗插曲

戴高乐将军的地位及自由法国——在北非和西非的法国人听从达尔朗的号令——英国民众普遍不安——我于11月17日向总统发出警告——总统的公开声明——“达尔朗协议”——英国国内群情激奋——下议院于12月10日举行的秘密会议——“以贝当元帅的名义”——下议院被说服——12月24日达尔朗遇刺——悲惨的一生

在上一章，我简要地叙述了中东当地发生的事件及其先后顺序。它们虽然属于政治事件，但却与军队或舰队行动别无二致，也是此次战役的组成部分。克拉克将军在同达尔朗交往时采取了符合此次战役主旨的唯一方式，即最大限度地争取法国的支持，避免法国与同盟国之间发生流血冲突。克拉克将军有勇有谋、机智聪明且果断干脆。而艾森豪威尔则同意并支持克拉克将军的决定。一年前，这两人还仅是准将，而如今，身为将军的他们处事机智果断。然而，他们的所作所为却引发了一系列情感和道德问题，这些问题对英美两国人民来说非常重要，而盟国内部也对此反应激烈。由于我一向了解法国人民的民族特性，所以，当时罗斯福总统对戴高乐及其领导的运动深恶痛绝的态度让我忧心不已。毕竟，戴高乐及其领导的运动是法国人民抗战的核心，象征着法国的荣誉。

前海军人员致罗斯福总统：

联合一切可以联合的法国力量对抗德国无疑是至关重要的，而希特勒入侵法国未沦陷区必然会为此提供机遇。我深信，您会意识到英国政府对戴高乐及其领导的运动需履行明

确而神圣的义务。我们必须清楚一点，英国与戴高乐之间达成了公平的协议。在我看来，我们应不惜一切代价，避免法国在你我支持下建立各自为政的流亡政府。同时，我们还必须努力团结所有抗德的法国力量，从而建立一个联合政府。当然，这并非易事，且在此期间不能影响任何军事行动，但我们应该让各方清楚我们的需求与目标。

1942 年 11 月 11 日

在此期间，我们显然已在阿拉曼取得了决定性胜利。

罗斯福总统致首相：

得知贵军在埃及取得辉煌胜利，且英美联军成功登陆西非和北非，对此我感到十分高兴。如此一来，当地中海南岸得以肃清且为我方控制之时，我们应决定采取下一步行动。我希望您能在伦敦与您的参谋长委员会进行商讨，而我也会与联军参谋部进行研究，共同探讨接下来可能采取的行动，包括进军撒丁岛、西西里岛、意大利、希腊以及巴尔干等其他地区，以及争取土耳其方面的支持以便经由黑海进攻德国侧翼。

目前，我对由您负责戴高乐方面的事宜这一决定十分满意。显然，我现在也遇到一个相似的难题，那跟吉罗老弟有关。我完全同意我们必须阻止流亡党派之间的对立这一观点，同时，我并不反对戴高乐派遣使者前往阿尔及尔会见吉罗。但我们必须谨记，吉罗和达尔朗两人争吵不断，他们都声称自己对驻守在北非和西非的法军拥有全面的指挥权。

这三位主人公需要意识到目前的局势完全属于军事范畴，无论是他们的个人决定还是集体决定，都需呈递艾森豪威尔审核和批准。

另外，我认为在戴高乐派遣使者前往非洲之前，我们最

好确定他会作何指示。

1942 年 11 月 12 日

*　　*　　*

11 月 13 日，艾森豪威尔将军从直布罗陀飞抵阿尔及尔，负责执行刚与达尔朗达成的协议并担任总指挥。在场的盟军指挥官和官员们一致认为，达尔朗是唯一能让西北非与盟国团结的法国人。吉罗能号令法国人向其效忠的谎言已被戳破，因此，当他听闻德军入侵法国未沦陷区时，主动提出协助达尔朗的工作。奥兰、摩纳哥以及整个阿尔及利亚均服从了达尔朗所下达的“停火”命令，这证实了达尔朗的权威。因此，艾森豪威尔将军和达尔朗于当天正式签署了最终协定。当时我在伦敦，我认为从军事角度来看，艾森豪威尔采取的行动是完全合理的。11 月 14 日，我向他发送了以下电报：“战争第一，但之后必须解决政治问题。”

我致电罗斯福总统，内容如下：

前海军人员致罗斯福总统：

1. 我们不能说，我们的疑虑和担忧会随着这些提议而消除，也无法肯定这一方案能一劳永逸，进展顺利。然而，鉴于战争进展速度至关重要，而这位盟军总司令又意志坚定、能言善辩，同时包括在场的坎宁安海军上将在内的我方官员一致同意该项提议，因此我们认为，除了同意艾森豪威尔将军的安排——维持当地暂时的稳定并在突尼斯获取重要据点，我们别无选择。

2. 我们深信，您定将始终秉承着团结所有反希特勒的法国人士这一宗旨，也定会就长远措施同我们进行商讨。

1942 年 11 月 15 日

* * *

自达尔朗协议的相关事宜公开之后，英国民众纷纷表示不安。我也察觉到周围民怨四起。在我的许多好友看来，这项协议是与我们最大的仇敌进行的一桩肮脏龌龊的勾当，而我们宏伟的作战计划的成功以及阿拉曼战役的胜利也因此蒙上阴影，这让我非常痛心。我认为他们不近人情，也未充分考虑到战争的残酷以及士兵的性命。他们的批评越来越尖锐，而我也越来越愤恨，且鄙视他们这种不分轻重缓急的态度，但我知道他们出现这种态度的原因，因为我也感同身受。美国民众的反响虽不如英国激烈，但也有不少人情绪激动。我认为罗斯福总统对美国民众高涨的情绪不为所动，当然更不能指望他理解英国民众的感受了。

前海军人员致罗斯福总统：

我应该让您知道，与达尔朗签订的协议现已导致群情激愤。我越想越觉得这仅是迫于战事压力而采取的权宜之计。但我们绝对不能忽视一点，这可能会对我们的共同事业产生不良的政治影响，其影响范围不仅限于法国，还将扩展至整个欧洲，民众会认为我们准备同当地的吉斯林卖国贼之流同流合污。达尔朗声名狼藉。正是他将其下属提拔为法国海军司令，使法国海军对我方存有敌意；也是他派遣法国海军前往卡萨布兰卡附近的海面与你方舰队作战，导致法国海员命丧于此，此事恍如昨日。而如今为了争权夺势，他又倒戈于我方。因此，大部分普通民众都无法理解我们同达尔朗签订长期协议以及在北非成立达尔朗政府的做法，但他们的赤诚之心正是我们的力量所在。

我个人认为，我们应该继续作战，先作战后谈判。听闻艾森豪威尔将军有望在数日内命令我们的第一集团军先锋部

队在突尼斯和比塞大进攻德军，我们都感到十分高兴。

1942 年 11 月 17 日

罗斯福总统复电如下：

罗斯福总统致英国首相：

我也感受到了民众对达尔朗的愤慨。我认为我们应该迅速采取行动，因此，我已在新闻发布会上发表了一项声明，希望这能令您满意，也相信民众不会对此有所怀疑。

1942 年 11 月 18 日

罗斯福总统将这份公开声明用电报发给了我，而我读完之后也松了一口气：

我已经批准了艾森豪威尔将军在北非和西非所做的临时性政治安排。美国、英国和所有其他同盟国都一致认为，鉴于前两年的经验教训，我们不应与达尔朗签订任何永久性协议，我十分理解并同意他们这一看法。同样，同盟国的人民也无法理解，既然我们与那些支持希特勒和轴心国的法国人为敌，又为何要承认在法国本土或任何法属领土上重新设立的维希政府。

陆军无权过问法国未来政府和法兰西帝国。法国未来政府绝对不能由法国本土或海外的个人成立，只能在同盟国取得胜利之后，由获得解放的法国人民自己成立。而目前在北非和西非所做的安排仅是迫于战事压力而采取的权宜之计。

他在声明中继续说道：

一方面，我们要挽救英军和美军的性命；另一方面，我

们还要挽救法军的性命，这是我们首要的军事目标。其次，争取时间是另一关键要素……当前的行动每拖延一天，德军和意军便多一天时间建立强大的防御体系，使我方在可以获胜之前不得不进行一次大规模作战。这也再次表明，与被迫将行动延迟至一个月或数月之后，我们当前迅速的攻势能够挽救更多人的性命……报告表明，北非的法国人士以建立统一战线、抵抗共同敌人为首要目标，将其他一切政治问题放在次要地位。

这项声明与我的看法一致，公众对此也感到满意。

前海军人员致罗斯福总统：

关于达尔朗一事，您所做的公开声明或许是解决这一问题最好的方法。然而，我与您和艾森豪威尔将军一样，都迫切地希望法军能在即将开展的行动中与我军通力合作，这样一来，我们便能实现利益最大化。此外，如果达尔朗及其部队在作战中尽心尽力，他们自然也要记上一功，这一点我完全同意。我深信我们对此事看法一致，祝一切顺利。

1942 年 11 月 19 日

*　　*　　*

在这段时间里，史末资元帅和我们都在国内，我发现我与他的观点非常接近，这令我感到欣慰。他与我进行过 次长谈，此时已在飞回南非战场的途中。在阿尔及尔参与全面讨论后，他实事求是地表达了以下看法：

史末资元帅致首相：

今日早晨抵达后，我与艾森豪威尔和坎宁安进行了长谈，

现将本次会谈的结果向您作总结报告。关于将于周日或下周一展开的行动，当前尚不确定安德森是否拥有足够强大的实力攻下比塞大，但攻克突尼斯似乎更有把握。无论如何，我们将尽一切力量将敌军围困在极小的区域或是滩头阵地，以便通过空袭和其他进攻方式将其消灭。我军将由此向南，力图肃清在斯法克斯及其他地方的小股敌军，但目前不打算向的黎波里投放大量兵力。迄今为止，海上损失已得到补偿。虽然我方损失了运兵船，但也获得了数量相当的法国舰船，而我方每损失一艘商船，就意味着有一艘德国潜艇被击沉。

至于达尔朗，此前公开发表的声明已令当地法国领袖十分不安。如果声明措辞再过火一些，形势将会十分危险。诺盖已扬言要辞职，由于他管辖着摩洛哥民众，真要辞职的话，可能会引起严重后果。从确保与法方的合作以及稳定局势来看，最糟糕的是法国人会认为，我们仅是利用法国领袖来达成自己的目的，一旦目的达成，就把他们一脚踢开。毫无疑问，在这场战争中，达尔朗和他的朋友都已破釜沉舟，他们正尽全力与轴心国作战，并团结法国人支持我们。在非战斗性任务中，甚至小规模作战方面，法军正与我方合作，但由于缺乏精良武器，他们当前的战斗力并不强。达尔朗不是由艾森豪威尔选定的，而是由其他法国领袖选定的，其中还有一些是达尔朗的敌人，但却全力支持我们。他们一致认为，由达尔朗领导合作对我们的作战必不可少。如果让法国人以为我们很快就会抛弃达尔朗，这将大错特错。当前的军事局势可能会要求我们在相当长的时期内留住他，因此，在此期间，我们不应给公众留下与此相反的印象。

我向艾森豪威尔解释说，我认为没有必要重申以前发布的声明，或是发表更过分的声明。公众认为我们已跟维希分子达成政治协议，之前那份声明仅是用于改变这种印象。未来的政治安排应根据相关政府和法国民众的一致意见决定。

我坚决认为，发表更多反达尔朗的声明可能对我们的事业有害无益，而且实际上也根本没有必要。我认为您最好还是将我的这一想法转达给罗斯福总统。我们将于今日下午启程，我将会在抵达开罗后再次致电于您。昨晚能与您恳谈，我感到十分荣幸，而且受益匪浅。特此致谢。

1942 年 11 月 20 日

总统不断告诉我他的想法。

罗斯福总统致首相：

昨日，我私下向报界讲了一则巴尔干地区希腊教会的古老格言："我的孩子们，在生死关头，你们可与魔鬼同行，直至你们到达安全的彼岸。"这一格言非常适用于目前我们面临的达尔朗—戴高乐问题。

关于北非以及未来可能还有其他某些地区，我觉得我们可以考虑任命一位英国人和一位美国人管理这些地区，他们无权过问民政事务，但有权否决法国民政官员的行动，还可以在极少数的情况下命令他们执行某些政策。比如，我已传话给艾森豪威尔，必须释放北非和西非的所有政治犯；如果达尔朗不执行命令，艾森豪威尔就必须立即行使其作为最高统帅的职权，单独采取行动。

1942 年 11 月 20 日

艾森豪威尔将军 12 月 5 日发电报给我：

因为我们获得的所有实际帮助都是源于他个人，所以他在此不可或缺。如果您细想一下我们从这个地方穿过山区延伸至突尼斯长达五百英里的交通线，就会明白，当地法国人本可以神不知鬼不觉地重创我军，从而迫使我们迅速撤退到

能从海上获取给养的港口地区。吉罗很快就放弃了帮助我军的意图，全是因为有了达尔朗的帮助，我军才得以在突尼斯与德军交战，否则就只能在波尼附近或是在波尼更西的地方与德军交火。因此，在我们看来，布瓦松和达尔朗确实已下定决心效忠盟国，而且绝不反悔……

总统提到的“权宜之计”让达尔朗颇为苦恼。他开始觉得自己越来越被人孤立。这时，他给克拉克将军写了一封信，内容如下：

将军阁下：

从各处传来的消息似乎证实了这样一种观点：我“只是一个柠檬，美国人榨干它之后就会马上扔掉”。

我从来没有考虑过我个人的处境，否则我又何必在可以不介入任何事件、任其自然发展之时，却不顾它们对我产生的不利后果而采取行动呢。这完全是出于我纯粹的爱国之情。

我之所以采取行动，完全是因为美国政府曾庄严许诺过，会将法国的主权恢复到像1939年那样完整；而且，由于轴心国完全占领法国本土，其与法兰西所签署的停战协议也沦为一纸空谈，贝当元帅已对此郑重提出抗议。

我这样做，不是出于骄傲、野心或是算计，而是因为我在我的国家身居要职，我有责任这样做。

我已为祖国尽忠一生。希望法国主权能尽快恢复完整，事成之后，我决意回归个人生活，辞职退隐，度过余生。

*　　*　　*

达尔朗海军上将继续任职，仅是因为他认为此时北非盟军统帅部不能没有他，此外，他还掌握着核心权力。11月22日，所谓的克拉克—达尔朗协定已正式签订，而且还成立了一个临时机构管理该地区。

两天后，在达尔朗使者的游说下，布瓦松总督率领法属西非以及重要基地达喀尔归附盟国。

但与达尔朗签订的协议却在英国引起了公愤。我的一些朋友也对此极为愤怒，他们此前就因《慕尼黑协定》倍感屈辱；也正是在他们这种情绪的推动下，我才在战前的紧急关头有所行动。他们问到“我们打仗就是为了这个吗?”许多与我志同道合的人都感到极为痛苦。此外，戴高乐委员会和组织还在我们中间煽风点火。报纸也详尽地报道了这种情绪。这是一个真实的案例，他们确实可以大做文章。不仅是议会，就连全国民众也难以接受“抵制戴高乐，扶持达尔朗”一事。而在此期间，我们既不能公开说明事实，也不能当众辩解。无论正确与否，对我而言，支持艾森豪威尔将军并挽救为这一事业尽忠的士兵们的性命是我的职责，对此我从未有过一丝一毫的怀疑，而且，我对与之相悖的观点极为敏感，尽管我推翻了这种相反的信念，但我还是能够理解它。

*　　*　　*

12 月 9 日，我向罗斯福总统表达了我的不安：

前海军人员致罗斯福总统：

1. 近几天从北非方面收到的有关法属摩洛哥和阿尔及利亚局势的报告，让我深感不安。这些报告都描述了我们当前无法对当地法国政府的内政事务进行合理控制，因而造成不良后果，虽然它们来源不同，但稳妥可靠。我深信，您已对这种情况了如指掌，但我还是认为我有责任告诉您，我们自己收到的报告中所呈现的当前形势。

2. 这些报告表明，退伍军人团（一个由退伍军人组成的维希组织）和一个与此类似的法西斯组织还在继续活动，大肆迫害以前支持我们的法国人，其中一些人至今仍被关在监

狱。这些组织对盟军登陆的第一反应就是害怕。但他们现在似乎在重整旗鼓，打算卷土重来。而那些出了名的德国支持者，尽管此前遭到驱逐，但现在又官复原职。这不但助长了敌人的嚣张气焰，还让我们的盟友手足无措，灰心丧气。另外，已经发生过多起法国士兵因做逃兵而受处分的事件，起因是这些士兵在我们登陆时试图支持盟军……

1942年12月9日

次日，即12月10日，我召开了下议院秘密会议。因为在登陆一个月后，各界给我的压力越来越大，我希望此次会议能帮我摆脱这一困境。我当时在会上发表了一篇演说，而我的唯一目的是为了扭转当时甚嚣尘上的舆论，所以我小心谨慎地选择了我要表达的观点。在演说的开头，我语气严肃，用词谨慎。

我们要扪心自问的不是我们是否喜欢现在正在发生的这些事件，而是我们打算如何应对它们。因为在战时，事情的发展不可能完全尽如人意。而且，在与盟国的合作上，有时他们会有自己的考量。更何况自1776年①以后，我国就不再有资格决定美国的政策。本次战争是美国人的一次远征，因为在这次远征中，美国投入的地面部队数量最后会是我们的两到三倍，空军则会是我们的三倍。

当时的情况确实如此。但不久之后我们便会看到，事实正好与之相反。

在海军方面，我军占绝对优势，而且我们的确在各方面都做了大量的组织和协助工作。然而，美国却把这次战役看

① 1776年美国发表《独立宣言》，宣告美国的诞生。——译者注

作是在美国总统指挥下的一次美军远征，他们认为西北非战场由他们负责，正如我们认为地中海东部战场由我们负责一样。虽然我们从一开始就接受了这种局面，并且在他们指挥下作战。但这并不意味着我们没有发言权，而且我还与总统保持着最为密切的联系。不过，这的确意味着，我们不能在军事上和政治上直接控制事态的发展。由于就美国政策或英美关系进行公开辩论会造成十分恶劣的影响，因此英王陛下政府邀请下议院召开本次秘密会议。只有在秘密会议上讨论这一问题才不会有得罪盟友的风险，也不会让英法关系变得复杂，不管法国人过去如何，他们现在可是在朝德国人开火。

我并不是在为达尔朗海军上将辩护。他和我一样，都是希特勒和赖伐尔诽谤的对象。除此之外，我和他没有任何共同点。但是下议院必须认识到，美国政府及大部分美国人民对达尔朗的看法跟我们不同。达尔朗没有背叛过美国，没有撕毁过与美国人签订的任何条约，也没有诽谤过美国人，更没有虐待过美国公民。所以，虽然美国人并不看好达尔朗，但他们不像我们英国人这样憎恨他、鄙视他。许多美国人认为美国士兵的性命比法国政治人物的过去更重要。此外，美国人直到最后一刻还维持着与维希的密切关系。在我看来，这种关系对我们的整体利益大有帮助。无论如何，美国人在维希的地位至少为我们打开了一扇窗户，让我们可以窥探维希这个院子的动静，要是没有这层关系，这扇窗户就不会存在……

李海海军上将不久前还在担任驻维希大使。他和贝当元帅交往甚密，且一直在利用自己的影响阻止维希法国成为德国的盟国，或在我们不得已向驻扎在奥兰或达喀尔、叙利亚或马达加斯加的维希部队开火时，试图阻止维希政府向我们宣战。以上种种情况都让我相信，法国不会对我们宣战。我事先就这样说过，并记录了我的这一观点；而令我产生这种

想法的原因之一就是美国人对全体法国人有着巨大影响，而在美国参战后，这种影响自然还会大幅度扩大。李海海军上将是罗斯福总统的密友，最近被任命为总统的私人参谋长。因此，我们必须根据这一背景来看待美国总统和美国国务院对维希及其一切行为所持的态度……

我现在要详细探究法国人特有的一种心态，更确切地说，是大多数国破家亡的法国人共有的一种心态。我绝不是在维护这种心态，更不是在颂扬它。但是，如果不试图了解他人心中所想，以及他们做出这样反应的秘密动机，那简直太愚蠢了。大智大慧的万能上帝认为，不能按照英国人的样子创造法国人。法国这个国家经历过许多变迁，先后实行过君主制、国民议会制、督政制、执政制、帝国制、君主制、帝国制，最后是共和制，并在法治的基础上形成了一条准则，毫无疑问，在革命和变革期间，该准则规范着许多法国军官和官员的行为。这是一种高度守法的心理习惯，源于民族自卫的潜意识，可避免国家陷入绝对无政府状态的凶险当中。例如，任何军官，只要是按照他的合法上司或是他自认为的合法上司的命令行事，之后就绝不会受到处分。因此，在法国军官们看来，是否具有直接而完整的合法指挥体系非常重要，许多法国人甚至认为这比道义、国家或国际关系等考量因素更为重要。由此可知，尽管许多法国人敬重戴高乐将军，羡慕他当前的地位，但却将其视为法兰西政府的叛徒。他们认为战败时应该将法兰西国家的政权交给思想守旧的失败主义者的代表——贝当元帅，因为在他们看来，这位声名显赫、德高望重的凡尔登英雄是法兰西唯一的希望。

当然，这一切在我们现在看来也许非常荒诞。但是关于这件事情，有一点对我们来说十分重要。那就是，驻西北非法军正是遵照贝当元帅下达的或据称是他下达的命令和指示，才将枪口指向了德军和意军，而不是继续朝英军和美军开火。

虽然感到抱歉，但我不得不说，对士兵而言，别人的枪口瞄准的是自己还是敌人那可是天壤之别；甚至士兵的妻子或父亲也会深有同感……

这一切都是以贝当元帅的庄严名义完成的。当贝当元帅在电话里声音颤抖地下达了完全相反的命令并要剥夺达尔朗的国籍时，达尔朗海军上将却认为元帅仅是迫于入侵的德国人的压力才这样做的，他对此表现得非常从容，也不在乎这是事实还是谎言，他本人仍然遵照了元帅的真实意愿。实际上，如果达尔朗海军上将必须要向贝当元帅开枪，他肯定也会以贝当元帅的名义这么做的……

但我必须得说，我个人认为在当时的情况下，艾森豪威尔将军做出的决定是正确的；即使他的决定不完全正确，我也不愿在那么多人安危未定、那么至关重要的问题悬而未决的时刻阻拦他、制止他。无论如何，我不想用美国人或其他任何人来当我的挡箭牌。

出于压力，我在演讲的最后表达了心中的愤慨。

说实话，我认为如果有人在非洲所发生的一切重大事件中（不论是在西非还是东非），除艾森豪威尔将军与达尔朗海军上将签订的协议以外，竟找不到其他能令自己感兴趣的事情，那他真是一个既偏执又不知该为谁效忠的可怜虫。争夺突尼斯顶端地带的战事现正进入高潮阶段，大战一触即发。昔兰尼加的边境不久后也将有一场较量。这两场战役几乎都由我国士兵承担作战任务。英国第一集团军和第八集团军将会全力以赴。我一直牵挂着这些将士以及他们的命运，我希望下议院也能感同身受……

少数心怀不轨的好事之徒伺机散播毫无价值、毫无根据的谣言，我要求下议院对他们加以严惩。这样一来，我们才

能团结一致，克服一切困难，坚定不移地顺利前行。

我生平做过的演说不下数百次，但没有一次像这次一样，让我觉得听众的看法发生了如此明显的转变。这次演说绝不是为了博得掌声，而是为了扭转舆论。我的演说说服了下议院，他们表示在本次秘密会议后不再持反对意见，这不仅灭了敌对报纸的嚣张气焰，还消除了全国人民的疑虑。而且，经过了数月的屡战屡败、连连受挫，这次胜利令人们越发欢欣鼓舞。

艾森豪威尔将军在战后所著书中从个人角度出发，实事求是地以军人的气度证实了我在前文所说的情况：

> 其实我能理解为什么法国陆军军官不喜欢戴高乐。法国在 1940 年向德国投降时，仍在法国陆军中任职的军官接受了政府立场，服从命令，放弃抵抗。在他们看来，如果戴高乐选择的道路是正确的，那么所有服从法国政府命令的军官就成了贪生怕死之辈。如果戴高乐是对法国忠贞不二的大丈夫，那么他们就只得自认为是胆小怕事的懦夫。当然，这些军官不会这样看待自己；相反，他们认为自己对法国忠心不二，执行了当时建立的文职政府的政令，因此不管是在公开场合还是在私底下，他们都把戴高乐视作逃兵。

* * *

1942 年底，北非政局迅速恶化。最近归附盟军的达尔朗、诺盖、布瓦松等人为反对吉罗当权和获得认可展开了激烈斗争。与此同时，曾于 11 月 8 日协助盟军登陆的士兵，以及为数不多但十分活跃的戴高乐的拥护者们也纷纷表示不满。此外，越来越多的人提议请隐居在丹吉尔的巴黎伯爵出面，担任与维希政府对立的北非临时战时政府的首脑。正是根据之前那份拼凑而成的协议，达尔朗才得以出任民政事务部首脑，吉罗才得以出任驻北非的法国武装部队司令。然而，这份协议在当时面临着越来越大的压力。

12 月 19 日，戴高乐派遣首位使者弗朗索瓦・达斯蒂埃・德拉维热里将军，以个人身份前往阿尔及尔访问，为他调查情况。达斯蒂埃・德拉维热里的兄弟是亨利。亨利曾于 11 月 8 日在阿尔及尔带头起义，现正参与策划让巴黎伯爵执政的阴谋。这位戴高乐主义者的访问其实是在探路。12 月 20 日及 21 日，他与吉罗和艾森豪威尔进行洽谈，正式提出自由法国部队愿意与他们进行军事上的合作，但并没有做出任何决定。达斯蒂埃・德拉维热里将军的访问实际上促使戴高乐的拥护者更加敌视达尔朗。就在德拉维热里将军与吉罗和艾森豪威尔会谈期间，在阿尔及尔的保皇党决定逼达尔朗退位，将政权交给由清一色保皇党人组成的政府。我们至今尚不清楚他们当时究竟获得了多少人的支持。

12 月 24 日下午，达尔朗从他的别墅出发，驱车前往设在夏宫的办公室。他在办公室门口被一名青年射杀。杀手名叫博尼埃・德拉夏佩尔，年仅二十岁。不到一小时，达尔朗海军上将便在附近一家医院的手术台上不治身亡。这名年轻的刺客与亨利・达斯蒂埃颇有渊源。在他人百般怂恿之后，博尼埃・德拉夏佩尔情绪激动，他决定从万恶的领导者手中拯救法兰西。除亨利・达斯蒂埃身边的一小伙密友外，阿尔及尔没有人公开支持这一刺杀行动。吉罗将军下令在军事法庭审判德拉夏佩尔，行刑队在 12 月 26 日天亮后不久就对他进行了枪决，这大大出乎了德拉夏佩尔本人的意料。

艾森豪威尔将军一接到达尔朗被暗杀的消息，便立刻从突尼斯前线赶回阿尔及尔。在当时的情况下，我们只能任命吉罗将军来填补因达尔朗遇刺而造成的空缺，因为我们绝不能冒险，令后方陷入内乱。此外，美国当局间接但强势地向我们施加了压力，要求我们任命吉罗为北非政权最高首脑，尽管只是暂时性的。

尽管达尔朗遇刺一事罪大恶极，但却让盟国摆脱了继续与他合作的窘境；同时，在盟军登陆的紧要关头，达尔朗竭尽所能地提供了一

切便利，现在盟国仍从中受惠。他的职权顺利地移交给在 11 月和 12 月两个月的时间里遵照美方当局意愿成立的组织。吉罗接任了达尔朗的职位。这样一来，聚集在北非和西北非的法军便能加入戴高乐所领导的自由法国运动，并能联合世界上除德国控制区外的所有法国人共同作战。戴高乐得知达尔朗遇刺的消息后立即采取了行动。这一消息传到伦敦时，戴高乐正准备启程前往华盛顿，与总统进行拖延已久的首次会晤。他当即起草了一封电报，经由盟国转交给吉罗。在我看来，为团结法国的抗战力量延迟前往华盛顿是明智之举。因此，我致电总统说明情况，并附上戴高乐致吉罗的原电副本。

前海军人员致罗斯福总统：

1. 我告诉哈里，我已要求驻伦敦的美军总部将戴高乐即将搭乘的飞机推迟四十八小时起飞，以静观“火炬”作战计划地区的发展形势。在我看来，当务之急是让法国人团结起来，从而形成某种坚定团结的法国核心，然后再跟他们合作。我今日将会见戴高乐，之后再发电报给您作进一步说明。

2. 我深信，我们不能因“象征”计划（我们的卡萨布兰卡会议）搁置北非问题。据悉，当地的法国显要人士已一致推选“要人”担任高级专员兼总司令。我已告诉艾森豪威尔，我们完全同意这一解决方案。

3. 战时内阁极其重视任命麦克米伦以及他抵达阿尔及尔一事。我们没有在阿尔及尔派驻代表，但该地与我们的命运休戚相关，因此，我们正尽力为你们的事业做出实质性贡献。既然墨菲的任命已经下达，希望您能同意我下达对麦克米伦的任命。我深信他将会有所帮助。麦克米伦对美国满怀友好的感情，而且他的母亲还是美国肯塔基州人。

1942 年 12 月 27 日

这封电报后附有戴高乐通过美国驻伦敦大使馆转给吉罗的电报：

在阿尔及尔发生的暗杀事件既是一种标志，也是一种警示：它表明了法国人内心和灵魂深处对法兰西悲剧的愤怒，也警示了在历史上最大的国难期间，缺乏一个全国性政府必然会导致的种种后果。因此，当务之急是建立一个这样的全国性政府。尊敬的将军，我提议你我二人应尽快在法国领土上会面，或在阿尔及利亚或在乍得，以便研究如何在一个临时性中央政府的领导下，团结法国以及所有法属领土上的法国兵力，为解放法国、拯救法国而战斗。

1942 年 12 月 27 日

* * *

很少有人像达尔朗海军上将那样，因判断失误和性格缺陷而付出如此惨重的代价。达尔朗是职业军人，性格强势。他一生都致力于重建法国海军，并将海军的地位提升至自法国王朝时代以来前所未有的高度。不仅海军军官团听命于他，而且全体海军官兵都为他效命。按照他之前的再三许诺，达尔朗本应于 1940 年号令法国舰队驶往英国、美国，或是非洲的港口，以及任何德国人力不能及的地方。除了达尔朗自愿做出的保证外，没有任何条约或义务规定他必须这么做。但在 1940 年 6 月 20 日这不幸的一天，也就是他接受贝当元帅的任命担任海军部长的这一天后，他的决心发生了改变。从那以后，或许是因为担任了部长一职，他便开始效忠于贝当元帅的政府。他原来是一名海军军人，在海军领域拥有渊博的知识，现在却成为一名政治家，在这个相对陌生的领域里，指导他行动的主要纲领就是他的反英偏见。我之前提到过，达尔朗的反英偏见源于特拉法尔加海战，而他的曾祖父便是在这场战役中阵亡的。

在这种新形势下，达尔朗展现出自己强势而果敢的一面，但他却并没有完全理解自己所做的大部分事情的道德意义。野心使他频频犯错。达尔朗担任海军上将时，眼界仅限于他的海军；担任海军部长时，

眼界也只限于当前的局部利益或个人利益。一年半以来，达尔朗一直在支离破碎的法国身居要职。在我们登陆北非的时候，他无疑已是年事已高的贝当元帅的接班人。可是现在，他却遭遇了一系列惊人的突发事件。在机缘巧合之下，达尔朗因儿子生病回到阿尔及尔，并在此归附英美联军。

我们此前已经叙述过达尔朗经受的种种压力。整个法属北非和西非都对他寄予厚望。希特勒入侵维希法国一事让他有权做出新决策，也许给他这种权力是正确的。他给英美盟军带来的东西正是他们所需要的，那就是能让目前在辽阔的战场上参战的所有法国官兵听从号召的法国声音。达尔朗已为我们竭尽全力，那些因他归附我方而受益匪浅的人，不应在他死后辱骂他。一位严厉苛刻、公正无私的法官也许会说，他本应拒绝与曾重创过自己的盟国进行谈判，并公然反抗盟国对他做出严厉惩罚。我们或许更愿意他选择另一条道路。而他归附盟国的选择却让他牺牲了性命，不过即使他还活着，他的生命也没有太大意义。1940 年 6 月，达尔朗并没有下令让法国舰队驶往盟国或中立国的港口，这一决定显然大错特错；但是他的第二个重要决定——归附盟国，却是正确的。恐怕最令他痛心的是未能让土伦舰队也归附盟国。达尔朗一直宣称绝不让这支舰队落入德国人之手。他在这件事情上并没有食言，有历史为证。愿他安息，愿我们都感谢上苍，让我们不必面临这些令他身败名裂的考验。

第六章

SIX

胜利后的问题

参谋人员计划扩大“火炬”计划的战果——我仍希望能在1943年横渡英吉利海峡作战——华盛顿传来令人不安的消息——误会解除——优先进攻西西里岛——苏联的出色抗战——重新进行全面研究的必要——我仍希望在1943年执行“围歼”作战计划

美国军界上下都认为既已决定进行“火炬”作战计划，就不可能再在1943年大规模横渡英吉利海峡，直捣法国沦陷区了。我尚未接受这个观点。我仍希望经过数月战斗后，我们能占领包括突尼斯顶端地带在内的法属西北非地区。这样的话，我们还是有机会在1943年7月或8月从英国大举进攻法国沦陷区的。因此，我非常希望在“火炬”进行期间，如果我方船舶条件允许，能在英国建立一支实力空前的美军部队。这样一来，我们就能左右手同时御敌，而敌人就要做好腹背受敌的准备，这似乎是符合战争节约原则的最好方法。到底是横渡英吉利海峡发动进攻，还是在地中海乘胜追击，抑或是两者同时进行，这需要根据事态发展来决定。从整个战局出发，特别是为了援助苏联，明年英美联合军队必须从西方或南方进攻欧洲一事，似乎势在必行。

但是，我们也面临着两种计划都无法实施的风险。即使我们在阿尔及利亚和突尼斯的作战能迅速获胜，我们也可能会因为占领撒丁岛或西西里岛，甚至是同时占领这两个岛而感到沾沾自喜，这样横渡英吉利海峡的计划就会推到1944年。这就意味着西方盟国浪费了一年，这样的结果虽然不危及我们的生存，但可能会使获得决定性胜利的机会落空。我们每个月就要损失五六十万吨船舶，这样的状况不能再继续下去了。德国人最希望看到的就是双方陷入僵局。

阿拉曼战役或是“火炬”计划结局如何，高加索的激烈战斗最终鹿死谁手，我们至今都一无所知，英国的参谋长委员会现正在为此进行讨论和商榷。在其领导下的作战计划委员会也在为这些问题忙碌。在我看来，他们提交的报告过于消极，11月9日，当时我们的军队正在北非登陆，我向三军参谋长表明了我对这些报告的看法：

> 1943年，在“火炬”作战计划成功以及阿拉曼战役取得胜利之后，我们如不在此基础上乘胜追击，而只是占领西西里岛和撒丁岛，那实在是太可惜了。我们早已和美方达成协议，在1943年实施“围歼”作战计划，此次作战计划规模之大前所未见。但我们绝不能以“火炬”作战计划作为1943年碌碌无为的借口，只满足于进攻西西里岛、撒丁岛，或是只是发动一些类似于迪耶普袭击的小战役（迪耶普袭击根本不能作为一种值得效仿的战争模式）。
>
> 1943年的作战计划显然应该是通过不懈的准备以应对敌人的侵略，强有力地牵制住敌军在法国北部和低地国家的势力，并发起对意大利的决定性进攻，最好能把法国南部也一并拿下，同时再结合一些对船只损耗不大的作战以及其他形式的施压策略，使土耳其能够和我们并肩作战，与苏联军队一起经由陆地直捣巴尔干地区。
>
> 如果以法属北非作为借口，而将大量兵力用于防守，并把这种做法称为“责任所在”，那之前还不如不进攻此地。另外，如果我们在1943年这一整年都按兵不动，那么当希特勒对苏联发动第三次进攻的时候，难道苏联人真的会对我们的做法毫无微词吗？无论前景如何让人心忧，我们都必须设法在1943年登陆欧洲攻击敌军。

在18日，我又发表了以下看法：

……根据我方和马歇尔将军签订的“围歼”和“波莱罗”计划协议，到 1943 年 4 月 1 日，我们总共会有二十七个美国师，二十一个英国师，以及一切必要的登陆艇，以备在欧洲大陆作战。这一计划已经投入正式准备当中，而且大部分的工作已经完成了……接着，我们开始准备“火炬”作战计划的前期工作，这个作战计划目前已经在进行当中。但是我们在“火炬”计划中仅投入了十三个师，而之前我们是打算在 1943 年投入四十八个师以对抗敌军。因此，现在我们用于抗敌的兵力少了三十五个师。显然，从此地到“火炬”计划战场的距离要比横渡英吉利海峡的距离远得多，我们应该把这一点考虑在内。但是我们已经告诉斯大林，我们将于 1943 年发动对欧洲大陆的进攻，而我们的兵力只有这三十五个师，与我们在 4 月到 7 月制定的目标相距甚远，换句话说，现在的兵力只是原计划的四分之一多一点。

忽视这种兵力差距，或是认为这种差距不会被人察觉，根本无法解决问题。我确信，就船舶的运输能力、美军兵力的筹备速度以及特种登陆艇的准备速度等方面来看，我们和马歇尔将军高估了我方的能力。参谋长委员会在 1942 年夏天为来年战役所做的部署是合理的，但和现在他们所说的能投入的兵力情况，前后差距巨大。我并不是在指责什么，因为我本人要对此负全部责任。但我认为我们必须彻底地处理好这件事。恐怕近期我得去一趟美国。毫无疑问，为了 1943 年夏天的大作战，之前我们计划得过多了，但现在又确实是计划得过少了。我必须重申，“火炬”计划并不是“围歼”计划的替代品。另外，我们还须牢记，我们曾提议，在“围歼”计划进行的同时，要继续在中东地区推进作战。而且现在，由于隆美尔的军队已经全军覆没，我们在中东地区可以松口气了。实际上，我们已经尽力把兵力缩减到最小了，我都无法想象一旦苏联人知道了实情，他们会有什么反应。我

个人依然主张实施“围歼”计划，但是该计划要推迟到8月执行。除非有大量的事实或数据证明这个计划不可行，不然我绝对不放弃“围歼”计划。但是如果这些数据确实证明该计划不可行，就会让我们和美国的雄心壮志，以及今年夏天做出的判断全都变得毫无价值……

我从未打算让英美联军在北非按兵不动。北非不是一张沙发，而是一块跳板……

为了在8月进行“围歼”作战计划，也许我们应该在6月底结束地中海地区的战事。在我们达成一致意见后，还得由最高级别的人士来商定这些问题。

这样一来，位于大西洋两岸的英美两国便陷入了僵局。英国参谋人员赞同在地中海地区作战，以进攻意大利为目标，袭击撒丁岛和西西里岛。美国专家则放弃了1943年横渡英吉利海峡的计划，同时又不希望卷入地中海的战事当中，以免他们1944年的宏伟作战计划落空。我写道：“美国人担忧的事情似乎比英国人担忧的事情多得多，而且这些担忧都源于双方军队的实际情况。”

*　　*　　*

我在前几章曾大胆指出，美国参谋人员极其偏爱那些逻辑清楚、条理清晰的决定，但他们不会思考这些决定本身是否可取。在决定实施“火炬”计划后，美国方面的做法实际上完全拖慢了英国实施“波莱罗”计划的步伐。11月下旬，我们收到一份来自美国政府的书面通知，通知的内容让我们颇感惊讶。当时在美国有一些流言蜚语，说我冥顽不灵，一直强烈反对1943年大规模横渡英吉利海峡的计划，另外，苏联方面在战后也声称，我故意利用“火炬”计划阻挠“在1943年开辟第二战场”的计划。以下是我发给罗斯福总统的电报，这份电报应该能顺带破除这些谣言，但我希望能永远终结这些无稽之谈。

前海军人员致罗斯福总统：

1. 我们收到哈特尔将军的来函，函中指出，根据美国陆军部指令，“凡超过四十二万七千人的编队工作都须由你方自行提供人力和物力”，且“类似此种情况概不能按《租借法案》提供物资”。这引起了我们极大的关注，并不是《租借法案》的缘故，而是出于全盘战略的考虑。为了“波莱罗”计划，我们部署了一百一十万兵力，而此时，我们却接到你方即将放弃这一目标的首次正式宣告。在这之前，我们并不知道你方已决定彻底放弃“围歼”作战计划，而我方却依然遵照“波莱罗”计划，进行着一切准备工作。

2. 于我而言，放弃“围歼”作战计划，是一个非常令人惋惜的决定。“火炬”计划绝非“围歼”作战计划的替代品，况且我们在“火炬”计划中仅投入了十三个师，而原本我们打算为“围歼”作战计划投入四十八个师。我同斯大林谈话时，艾夫里尔也在场，我们的对话是基于推迟“围歼”计划而展开的，但这绝不意味着我们不应在 1943 年，甚至 1944 年在欧洲开辟第二战场。

3. 总统先生，诚然，这个问题需要极谨慎的对待。马歇尔将军曾提出，只有通过“围歼”计划，我军主力才能深入法国和低地国家，也只有在这些地方，英国本土和美国海外空军的主力才能投入到战斗中去，他的这些观点让我印象深刻。我们之所以反对“痛击”计划，其中一个原因是，这一计划会在 1942 年就耗尽用于 1943 年“围歼”计划的储备兵力，而“围歼”计划的作战规模远比“痛击”计划庞大。毫无疑问，我们都高估了我们的船舶运输能力，但这个错误可以通过时间来补救。我们唯有在满足对船舶的其他迫切需求的前提下，尽快组建好一支“围歼”部队，才能同敌军主力决一死战，解放欧洲国家。但是，无论我们怎样努力，我们的实力在 1943 年都达不到所要求的水平。然而如果情况如

此，我们更要确保我们能在1944年达到所要求的水平。

4. 我们甚至在1943年也可能会碰上好机会。如果如斯大林所愿，苏联能攻到顿河岸边的罗斯托夫，那么德国南线部队就要大难临头了。“火炬”计划之后，我们紧接着在地中海发动战事，也可能将意大利逐出战局。到时候德军的士气必定普遍低落，而我们必须严阵以待，抓住任何可能对我方有利的机会。

5. 总统先生，请您务必告诉我发生了什么事。目前，你方决定退出“围歼”计划的消息，以及这一消息传达给我们的方式，都让我们极为困惑。我们认为，绝对有必要让马歇尔将军与金海军上将随同哈里到这里一趟，或是我与我方幕僚前去与您会面。

1942年11月24日

总统先生立即纠正了下级人员引起的误会。

罗斯福总统致首相：

我们当然无意放弃“围歼”作战计划。如今，没人知道我们是否有机会在1943年横跨英吉利海峡，如果有机会的话，我们当然要抓住机会。然而，关于即将在1943年实施的“波莱罗”计划，究竟需要部署多少兵力，这是一个需要我们双方共同考虑的战略性问题。我现在的想法是，在当前军事行动允许的前提下，尽快在英国建立一支日益壮大的军队，一旦德军被击溃，立即启用这支军队；或是建立一支庞大的军队，以防德军届时依旧毫发无损，我们要采取守势时便可启用这支军队。

去年夏天，在伦敦召开的联合参谋长委员会会议得出了这样的结论：为了实施“火炬”作战计划，在英国集结所需军队一事必须推迟。从启动和发展“火炬”计划的角度出

发，我们的研究表明，此时我们派往英国的军队和运送的物资数量不能超过哈特尔将军提出的数量。在我们的兵力和物资足以对抗西属摩洛哥可能发起的反攻以及突尼斯的战局变得明朗之前，我们自然必须优先向北非提供兵力和物资。我们在西南太平洋地区投入的兵力和物资数量已经远远超过我几个月前的预期。尽管如此，在我方的船舶运输能力和其他资源允许范围内，我们将继续进行“波莱罗”计划……

1942 年 11 月 26 日

* * *

现在，我试着对地中海的整体局势审视一番。

国防大臣备忘录

1. 在这样一个广阔的战争局势下，与其将全世界的战争资源莫名其妙地集中在一起，有时候还不如将其他事情放在从属地位，集中精力到某一主要军事行动中，并全力执行到底。当主要军事行动取得令人满意的成果之后，战局的其他方面就会自行进入到适当的位置了。而且，正是因为主要军事行动的持续施压，我方的意愿才能强加给敌方，进而重新获得主动权。

2. 我们当下的主要任务首先是占领地中海的非洲沿岸地区，并在那里建立起必需的海军和空军军事基地，这对于打开一条有效的军事通道而言十分必要；其次便是利用非洲沿岸的基地，在最短的时间内对轴心国的下腹部[1]实施有力打击。

3. 因此，战役可分为两个阶段——巩固阶段和发展阶

① 指意大利。——译者注

段。首先是巩固阶段，我们希望亚历山大将军能在本月内攻克昔兰尼加，并进军阿盖拉阵地，甚至是苏尔特，给予当地敌军沉重的打击。如果英美联军以目前这种锐不可当的势头向前挺进，我们也可以假设，在同一时期或是不久之后，英美军队能成为包括突尼斯城在内的整个法属北非地区的主宰者。

4. 我们必须沿着我方控制的非洲沿海地带，建立数个航空站，并且必须合理设置两个相邻航空站间的距离。在突尼斯北部地带设立航空站更是刻不容缓的事情。供美国轰炸机使用的最大的军事基地应该建在此处，如此一来，美国派往北非的远程轰炸机便可以联合已驻扎在中东基地的美方轰炸机，对意大利的诸多目标进行轰炸。在地中海地区天气条件良好的情况下，美国式的白昼轰炸将会发挥最大威力。

5. 无论何时，就天气状况而言，只要轰炸意大利比轰炸德国更为有利，就应该让意大利尝尝英国夜间轰炸的滋味。

6. 毫无疑问，我们必须要攻打卡塔尼亚和卡利亚里两地的机场，以便在我方巩固阶段镇压敌军对突尼斯城发起的进攻。

7. 一旦确定我们已经在法属北非，尤其是突尼斯巩固了自己的势力，我们就应立即连续进行两次军事行动。首先是向的黎波里进军。亚历山大将军很有可能从东边进攻，夺取此地，而我此前曾征询他对于此事的意见，以及占领该地需要多长时间；但同时我们也要做好从西边迅速进军的准备。如果美法联军能守住突尼斯，那么仅派遣安德森将军的两个英国师从西边进军是否足够？我想知道的是，按最乐观的情况估计，攻克的黎波里需要多长时间？

8. 当前的第二个目标很明显是攻克撒丁岛或西西里岛。只要占领了其中一个岛以及南部飞机场，将会在空中形成一个三角地带，利用这个三角地带，我们应该可以夺取并守住

该地的制空权。此外，从任何一个岛出发，都能对那不勒斯、罗马以及意大利舰队基地发起持续的近距离猛烈攻击，这将会加剧对意作战的激烈程度。请立即就此拟出报告，以便做出决定，该向哪个岛发起进攻。无论决定进攻哪个岛，都应最大限度地利用轴心国飞机短缺的情况，我们趁机发起空中大战，将争夺地中海中部地区制空权的战役视为头等大事……注意，无论是进攻撒丁岛还是西西里岛，这两者的作战准备时间是一样的，但是目前来说，进攻西西里岛对我方更有利。

1942 年 11 月 25 日

报告的剩余部分论述的是争取土耳其参战的必要性。这些论述将在下文提及。

* * *

我现在回过头来说说 1943 年横渡英吉利海峡这一最重要的计划。

国防大臣备忘录

1. 去年 4 月，马歇尔将军向我们透露了一项作战计划，后称之为“围歼”作战计划，而“波莱罗”计划是辅助“围歼”计划实施的一系列后勤准备工作。一个强有力的论证是，只有通过“围歼”作战计划，大规模的英美军队才能直接与敌军交锋，英国本土空军和美国海外空军才能发挥它们最大的威力。美国军方一直坚定地支持“围歼”作战计划，而且自那时起，在“波莱罗”计划的指导下，有条不紊地进行着各项准备工作，其间只因“火炬”计划的实施才暂停过一次。作为“围歼”作战计划的补充，7 月又提议实施“痛击”作战计划。英美双方参谋人员一致赞同实施“围歼”作战计

划，放弃“痛击”作战计划。同时，“波莱罗”计划将会继续进行，并为延期或伺机发动“围歼”作战计划做好准备。

2. 但是，美方参谋人员则认为，放弃“痛击”计划而启用“火炬”计划，实际上会让我们无法在 1943 年执行“围歼”计划，即使延迟执行也不可行。造成这种情况的原因之一就是，苏联实力可能会遭到严重削弱，这样一来，希特勒会将东线的大批兵力回调，使得“围歼”计划可用兵力加起来都不足以对抗德军。他们之所以有这样的想法，是因为如果要分出部分船舶用于“火炬”计划，那么我们集结“围歼”计划所用兵力就要花费更多的时间，因而在 1943 年的时候，即使对方是实力相对较弱的敌军，我们也必定没有足够的实力登陆欧洲大陆作战。因此，根据美国军方参谋人员的预测，驻英美军将在英国无所事事，但是罗斯福总统和马歇尔将军都在极力避免这种情况的发生。

3. 除了上述情况以外，船舶情况明显变得紧张了。虽然建造登陆艇和训练船员的工作并没有大幅停滞，但速度已经放缓。“火炬”计划正在全面进行中，急需大量船只，而且我们也希望效仿“硫黄”计划（攻克撒丁岛的计划），进行各种作战行动。虽然这些军事行动属于次要行动，但它们的规模并不小。

4. 另一方面，苏联人已经相信我们将在 1943 年开辟第二战场。我亲自向苏联人说明了“围歼”作战计划，当时美国代表哈里曼先生也在场。这些谈话是在莫斯科进行的，已经及时向总统报备过了。原本我们向斯大林提议在 1943 年用五十个师的兵力在陆上攻打德国和意大利，如果现在将兵力减少到十三个师，那么我认为斯大林主席心存怨恨也是无可厚非的。此外，除了我们要对苏联所担负的一切义务以外，我认为，与英美所拥有的资源和实力相比，我们 1943 年进攻计划的规模实在是太小了。

5. 近期这些极其重要的事件，已经改变并且正在改变英美两国一直以来思考的依据。而在1942年的战役中，苏联人没有被完全击败，也没有被削弱。恰恰相反，倒是希特勒一败涂地，德军伤亡惨重。据冯·托马将军所说，在苏联前线的一百八十个德国师中，有许多师的人数还不到一个旅。在东线的匈牙利、罗马尼亚和意大利军队明显士气低落。而芬兰军队除了少数山地部队仍在战斗外，其他部队均已停止作战。

6. 目前正在斯大林格勒和苏联前线中部地区进行的几场大战，尚未分出胜负。苏联的进攻很有可能对德国产生深刻的影响。如果目前被困于斯大林格勒的第六集团军全军覆没，那么苏联南线就可能回到目的地——顿河岸边的罗斯托夫。在这种情况下，留在北高加索的三支德国军队已遭到苏联军队的猛攻，他们的处境可能会岌岌可危，甚至会有全军覆没的危险，结局不堪设想。苏联在中部地区的进攻以及在前线多地的反击，可能会迫使德军后撤至冬季阵地。尽管德国现在拥有更优越的铁路系统，但冬季的天气会让这些实力减弱的德军饱受困苦和磨难。1942年底前，我们至少可以肯定地得出一个结论：1943年，德国不可能将东线战场的军队大规模地调至西线战场。这将会是一个具有重大意义的新事实。

…………

9. 德军原本在英国对岸的法国和低地国家派驻了四十个师，但是在法国发生了一系列事件后，德军撤走了十一个师，以便防守法国南部海岸。德军维持法国国内安全的任务已经变得更加繁重了。他们可能会被迫另寻四个甚至六个师的兵力来保卫和控制意大利，使其免受“火炬”计划的威胁；此外，他们不仅要守卫西西里岛，甚至还有撒丁岛。南斯拉夫的抗战仍在继续，而在巴尔干半岛上，轴心国不仅一口气都不能松，反而因为要顾全大局，不得不增援巴尔干半岛上的

希腊、罗马尼亚和保加利亚，还得提防土耳其加入战局，与他们为敌。但是土耳其加入战局，与我们并肩作战，正是我们准备努力争取的。而我们7月在伦敦举行会议商讨“围歼”与“痛击”作战计划时，这些事件都还没发生。

10. 因此，我认为我们必须重新全面审视整个战局，以找到让英美军队直接进攻欧洲大陆的途径。为了达到这个目的，我们应该以上述各个段落所提到的假设为依据。除此之外，还要满足以下条件：北非海岸配备有充分的空军，同时，到3月底，在地中海进行军事运输可畅通无阻，从而大大减轻船舶紧张的状况；所有类似撒丁岛作战的军事行动都应该在6月初结束；6月底，所有“围歼”作战计划所需的登陆艇应返回英国；在7月间进行准备和演习；在8月发动进攻，如果届时天气不佳，可以改为在9月发动进攻。

1942年12月3日

此前，我不断通过迪尔把详细情况告诉马歇尔将军，我很高兴马歇尔将军能赞同我的观点。

迪尔陆军元帅致首相：

1. 我和马歇尔将军私下谈过，当他知道您的想法和他一致时，他颇受鼓舞。但他已明确向我表明，在北非的战事胜负未分且还没征询艾森豪威尔的意见之前，他不能明确给出对我们未来战略的看法。

2. 然而，他越来越坚信，一旦北非地区的轴心国军队被肃清，我们就将美军撤回英国，而不是让其深入非洲，扩大“火炬”作战计划的战果，那么我们应该能在1943年夏天之前执行修改后的“围歼”作战计划。他认为，这样的军事行动会比“硫黄”或“哈斯基”作战计划更有效果，还能减少运兵消耗，让苏联人更为满意，牵制更多的德国空军，也能最为有效地阻止德国取道西班牙袭击我军。

3. 马歇尔将军当然乐于和您以及三军参谋长讨论这些问题，但是鉴于此次美国和英国的观点如此相近，他认为不再需要类似这样的私下讨论了。

1942 年 12 月 14 日

* * *

这样，我已经将我在 1942 年底对战局的看法摆在读者面前了。毫无疑问，事态发展证明，我对西北非的期望过于乐观了，同时也证明了美国参谋人员的想法是正确的，他们认为我们既然在 7 月决定执行“火炬”计划，那么我们根本不可能在 1943 年执行“围歼”作战计划。事实也证明的确如此。但是当时没人能预见到，希特勒会做出巨大的努力来加强突尼斯北部地区的军事力量，尽管他的精锐部队损失惨重，但他还是从空中和海上征调来近十万名精兵。对他而言，这是一个严重的战略错误。这无疑使我们在非洲的胜利迟来了几个月。如果他没有调动那些兵力，这些士兵就不会在 5 月时被俘或是被歼灭，他还可能用这部分兵力来增援在与苏联交战中节节败退的防线，或者，如果我们下定决心要执行“围歼”作战计划，他甚至还能在诺曼底集结兵力，打消我们在 1943 年进行“围歼”计划的念头。现在，几乎没有人会怀疑，到 1944 年再进行“围歼”计划才是明智之举。因此，关于将“围歼”计划推迟到 1944 年一事，我并没有欺骗斯大林，也没有误导他，对此我问心无愧。我已经竭尽所能了。倘若在即将到来的战役中，我们能取道地中海进攻欧洲大陆，且英美联军能与敌军全面交战，对于命运和现实强迫我们做的这个决定（即 1944 年再实施“围歼”计划），我绝不会心存任何不满。

第七章
SEVEN
我们需要会晤

我军在突尼斯受挫——第八集团军的迅速发展——举行最高级别会议的需要——斯大林无法离开苏联——举行英美联席会议势在必行——一切准备就绪——“Q 海军上将”——英美在战略方面的分歧——我们并非两手空空前去卡萨布兰卡赴会——亚历山大所作关于蒙哥马利进一步挺进的报告——希望攻克的黎波里

现在我们在北非的战事明显出现了挫折。虽然我们掌握着主动权，并且占有巨大的优势，但是我们的兵力增强速度却很慢，这也实属无奈。我们的船舶本来就很紧张，而敌军对阿尔及尔和波尼两地的空袭又阻碍了卸货工作。此外，我们还十分缺乏陆路运输工具。虽然沿海地带有一条长达五百英里的单线铁路，但是路况不佳，且有数百座桥梁和涵洞，任何一座桥梁或涵洞都有可能遭到蓄意破坏。随着大批德军飞抵突尼斯，一场高水平、顽强而激烈的抵抗战争开始了。当时有十多万法军与我们并肩作战，大部分是素质良好的本土部队，但可惜装备欠佳，缺乏组织。艾森豪威尔将军把其麾下的美军部队全部交由安德森指挥。我们已经尽可能地投入兵力了。最终，一支由英国步兵旅和美国第一装甲师组成的军队，向迈杰兹发起进攻，并占领该地。11 月 28 日，他们几乎攻到吉地达，距离突尼斯仅十二英里。至此，冬季作战达到了高潮。

接着，雨季来临。大雨倾盆而下，我们临时建造的机场变得泥泞不堪。德国空军虽然数量不算多，但是他们却可以从状况良好的机场起飞，而且风雨无阻。12 月 1 日，他们发动反攻，我方之前拟好的进军计划因此夭折，仅仅数天，英国步兵旅被迫折返迈杰兹。前线部队

只能通过海运获得少量补给。事实上，这些补给只够他们解决温饱问题，根本谈不上储备。直到 12 月 22 日夜，我军才能发起新一轮反攻。刚开始，我们小获成功，但是次日拂晓时分突然天降大雨，连绵三日不绝，我方机场因此再度报废，车辆只能在状况糟糕的路面上行驶。

在平安夜召开的会议上，艾森豪威尔将军决定放弃立即占领突尼斯的计划，转而固守我方控制范围内的前方机场，然后再伺机而动。尽管德军在海上蒙受了巨大损失，但他们在突尼斯的兵力却是有增无减。到 12 月末，在突尼斯的德军人数已接近五万。

*　　*　　*

当战事正在进行之际，第八集团军也取得了巨大的进展。隆美尔终于成功将他的残余部队从阿拉曼撤至阿盖拉。而在阿盖拉附近，沙漠远程空军大队的一支巡逻队潜伏已久，一直密切监视着隆美尔军队的一举一动，记录并上报他沿途的一切动向。他的后卫部队遭到我方的猛烈追击，但是我们未能将他成功拦截在班加西以南。此时，隆美尔暂停在阿盖拉的前进计划。而蒙哥马利在长途跋涉之后，也遇到了和他前任们一样的交通和补给困难，也正是这些困难把这些前任们击垮。12 月 13 日，第二新西兰师用迂回战术将隆美尔逐出了阿盖拉，隆美尔的后路几乎被切断。隆美尔损失惨重，他在海岸公路上的交通工具被我方沙漠空军重创。蒙哥马利起初只能以轻装部队发起追击。自阿拉曼战役以来，第八集团军已经向前推进了一千二百英里。在圣诞节当天，我军占领了苏尔特以及该地的机场。随后，在年底的时候，我军向隆美尔军队在比拉特附近的第二个主要阵地发起了进攻。

*　　*　　*

罗斯福总统于 11 月 26 日给我发来电报，前一章已经引用了部分电报的内容。此外，他还在这封电报中提议召开一次三国参谋部代表

之间的三方会议。

我认为，一旦我们把德国人赶出突尼斯，我们应立即召开一次英国、苏联和美国三方间的军事战略会议。我希望我们在非洲的战事进展顺利，这样一来，我们便能每个月或每六周召开一次这样的会议。我相信，我们联合参谋部的参谋长们将会在数日内提出建议，探讨我们下一步应采取什么策略。但我深深感觉到，我们必须和苏联人坐下来好好谈谈。我的想法是在开罗或莫斯科秘密召开会议，三国各派代表出席会议。会上所作的结论当然必须得到三国代表的一致赞同。我可能会派马歇尔将军率领我方代表团前去，但我觉得三国军队都应派代表出席。我认为每个国家的与会人员最好不要超过三人。

希望您能尽早告诉我您对我这项提议的看法。

我于同一天答复说，我认为召开专家会议并不能解决我们的问题。

前海军人员致罗斯福总统：

对于您提议与苏联人会晤一事，原则上我完全同意，但是我十分怀疑，让三国军官聚集在一起开会讨论整体战局，除了能解决某些特殊的问题外，是否有很大价值。如果苏联派出代表团前往开罗（我个人觉得可能性不大），他们的实际权限并不大，会上提及的每一个重大问题都必须请示远在苏联的斯大林。如果会议在莫斯科召开，那么耽搁的时间就会少一些，但是我希望，英美使团在前往莫斯科之前能达成一致意见，作为会议的讨论基础。同时，如果您派马歇尔将军前去的话，我希望他路过英国的时候能暂留一下。

我想我能提前告诉您苏联的看法。他们会说："1943 年夏天，你们将对付多少个德国师？还有，1942 年时，你们和

多少个德国师作战过？”他们肯定会强烈要求我们在1943年时从西方或南方，或者两个方向双管齐下大举进攻欧洲大陆，开辟一个强大的第二战场。这种论调我在莫斯科已经听得够多了，这些问题需要由负责人或是海军及船舶运输的主管人士答复，所以他们必须出席会议。但是，此时此刻，要想让我们所有的参谋长抽出这么长的时间赴会恐怕很难。

在莫斯科的时候，斯大林表示，他很愿意今年冬天与你我在某地会晤，而且他还提议将地点定在冰岛。当时我指出，英国并没有比冰岛远很多，也更为方便。斯大林没有点头接受，也没有明确拒绝。而且，除了气候以外，在冰岛进行三国间大西洋会议还存在着诸多问题。比如，我们也许会把船停在哈尔夫峡湾，而且我们还要找一艘合适的军舰供斯大林使用，船上还得挂苏联旗帜。他兴致勃勃地说，他愿意乘飞机前去会晤，而且他对苏联飞机充满信心。只有最高级别人士之间进行会谈才能取得真正的结果。1月进行会晤如何？到那时，非洲的敌军应该已经被肃清，苏联南部的大战应该也已尘埃落定了。

我还想说一点，如果我真能说服您前往冰岛赴会，请您务必在回国前顺便到访我国一趟，不然我心中总有遗憾。

1942年11月26日

12月3日，总统又致电给我。

罗斯福总统致前海军人员：

我一直在认真考虑与苏联人举行联合会议一事，我同意您的意见，即你我和斯大林三人当面会谈，只有这样才能讨论出符合军事形势的重大战略理论。我的想法是，我们三人各自带少数随行人员，其中包括海陆空三军的最高统帅。我将会携哈里和艾夫里尔一同前往，虽然我认为我们会谈及在德国溃败之后应采取的初步措施，但我还是决定不带国务院代表随行。我希望会议能于1月15日举行，或者稍微迟一点。在会议召开之前，突尼斯和比塞大的敌军应该已经被肃清，隆美尔的军队也应全军覆没了。至于会议地点，在这个季节前往冰岛或阿拉斯加对我来说绝无可能，而且我认为斯大林应该也是如此。我更愿意选择一个安全的地方，比如阿尔及尔南部、喀土穆或临近喀土穆的地方。我不喜欢蚊子。我认为这次会议应秘密进行，也不欢迎任何媒体。我觉得马歇尔和其他人在会议前也不该造访英国，因为我不想给斯大林留下这样的印象，即我们两人在与他会见之前就把所有事情谈妥了。

我认为你我都非常了解对方，因而在三方会议之前你我无须再单独进行会谈，况且会议期间我们随时可以商议。我们的军方人员以后也将继续深入合作。

我认为本次会议后击败德国的时间来得会比我们预计的早一些。如您所知，斯大林已同意在莫斯科举行一次纯军事会议，而且我今天已给他发电报催促他与你我见面。我相信他会同意的。

与提尔锡特①的木筏相比，我更喜欢舒适的绿洲。

1942年12月3日

我立即回电，内容如下：

前海军人员致罗斯福总统：

1. 您的提议让我欣喜万分，只有这样才能为1943年制定出一个绝妙的计划。目前，我们还没能为1943年制定出一个

---

① 提尔锡特，即现今的苏维埃茨克，位于俄罗斯加里宁格勒州涅曼河畔，盛产木材。——译者注

规模宏伟或符合事态发展的计划。您能前来实在是再好不过了，我愿与您在任何地方会面。我也会给斯大林发电报，表明我对您提议的支持。

2. 与此同时，我不赞成派遣我们的军方代表前往莫斯科。因为这只会导致僵局，让情况更糟糕。我们仍然认为应该让马歇尔、金以及阿诺德提前到这儿来，以便我们 1 月在“非洲某处”会晤时，至少已经商议出一个确切的计划作为讨论基础。否则到时候和斯大林会面，他就会问：“你们向我承诺过 1943 年时要在欧洲开辟第二战场，你们现在制定出计划了吗?”

3. 喀土穆地区可任由您使用，当地的天气、安全和通信条件都十分令人满意。我明天再告诉您当地住宿条件如何。作为东道主，我们荣幸之至。尽管我很想了解阿尔及尔南部绿洲的情况，但是我现在还没有收到相关的消息。我可以亲自担保，马拉喀什的住宿条件保证让人满意，除了偶有特殊情况外，气候也相当宜人。

4. 像这样最高级别的军事会议，应该配备必要的工作人员。就我方而言，我将携内阁成员艾登、三军参谋长或者副参谋长出席，另外需由得力的秘书处人员、密码员、地图室的工作人员等从旁协助——大约有二十五人。

5. 至于时间，当然越早越好。因为每一天都至关紧要。我们可以合理地预期，突尼斯的战事将在 12 月底尘埃落定，而的黎波里塔尼亚的战事也将在 1 月底结束。我们不应指望在这些战事结束后再进行会议。因为要想在 1943 年进攻欧洲，我们必须尽早下决定。

6. 但是，一切都要取决于斯大林愿意与否了。

1942 年 12 月 3 日

*　　*　　*

正如下列往来电报所示，斯大林并不愿意赴会。

首相致斯大林主席：

罗斯福总统告诉我，他提议我们三人于1月份在北非某地会晤。这比我们在莫斯科探讨过的冰岛方案要好得多。您仅需三天即可到达北非的任意地点，而我则需要两天，罗斯福总统需要的时间和您差不多。我真心地希望您能同意。我们必须尽早商量出一个最佳方案，以便在1943年集结所有可用兵力进攻欧洲大陆。而这个问题只有三国政府首脑和国家元首举行会议，并由他们的高级专家从旁协助才能决定。只有通过举行这样一次会议，我们才能把握战机，并根据各方能力和机会分担相应的战争任务。

1942年12月3日

斯大林主席致丘吉尔首相：

我十分赞成三国政府首脑会晤，确定共同的军事战略方针。

然而，令我深感遗憾的是，我届时无法离开苏联。我想知道，如果我们无法面谈，是否可以通过通讯的形式来探讨这些问题？我承诺，我们之间将不会有任何分歧。战事可能到1月份都不会有所缓和，反而可能愈演愈烈。

之前我给您的信件中提到过1943年在西欧开辟第二战场一事，此刻我正期待着您对此事的答复。

斯大林格勒以及前线中心战场的战事正在顺利进行。在斯大林格勒地区，我们包围了大批德军，希望能将他们一举歼灭。

1942年12月6日

我们把相同的电报发给罗斯福总统，他在回函中表达了对斯大林的失望。他说：

> 我认为，如果我们的参谋人员在莫斯科讨论明年夏天即将采取的重大军事行动是错误的。从现实的角度来看，他们拟定的这些军事行动无法约束你我两国政府，而且，最终计划必须经过两国国内参谋人员的慎重商讨，你我二人才能给予批准。
>
> 所以，如果英国、苏联和美国的军方官员在非洲、阿尔及尔、喀土穆或其他合适的地方进行会谈，您认为如何？在最终批准本次会议上的讨论结果和建议之前，当然必须先征得三国首脑首肯。

我的观点依旧没变。罗斯福总统能看到在莫斯科举行专家会议的种种弊端，我感到很高兴。但是，我也并不赞成在喀土穆或阿尔及尔举行这样一个会议。我确信，如果军事代表单独在某个遥远的地方进行会谈，而没有事先就我们两国的共同事务达成共识，那么此次会议只会浪费时间，而且在经历了长时间的密电来往后，很可能会让会议现场陷入僵局，甚至会越来越僵。只有三国政府首脑和国家元首面对面交流，才能解决那些已经摆在我们面前的重大问题。为什么斯大林拒绝出席三国会议一事会妨碍英美事先进行会晤呢？然而，罗斯福总统似乎决心要举行一次三国军事会议了，我认为，原则上我必须同意这一点。12 月 17 日，关于是否要举行三国首脑会议这一主要问题，他将从斯大林处得到的最新消息转发给我。斯大林说：

> 我也必须向您表示深深的遗憾，因为我近期甚至 3 月初都无法离开苏联。前线战事需要我时常前去亲自坐镇，这让我难以前往。目前为止，我还是不知道您以及丘吉尔首相在联席会议上到底想探讨什么问题。我在想，我们之间是否能

通过通讯的形式来探讨这些问题。只要我们没有机会面谈，那么我相信我们之间就不会有分歧。

另外，请允许我向您表明，我深信我们并没有错失良机。总统先生，您曾和丘吉尔首相承诺，要在 1942 年，最迟在 1943 年春开辟欧洲第二战场，我相信这一承诺一定会兑现，那么来年春天，英美联军肯定能成功在欧洲开辟第二战场。

关于苏维埃社会主义共和国联盟对于任用达尔朗之辈的态度，外界流传着种种谣言，我觉得有必要告诉您，我和我的同僚认为，艾森豪威尔对达尔朗、布瓦松和吉罗等人采取的措施是完全正确的。您成功争取到达尔朗等人与盟国一方并肩作战，走上与希特勒为敌的道路（或许是大势所趋?），在我看来，这是一桩非常了不起的成就。前些时候，我也将这一想法告诉了丘吉尔先生。

* * *

这时，罗斯福总统派信使为我送来了一封言辞亲切的信件，信中询问我是否同意赴会。

亲启信件

亲爱的温斯顿：

我向约瑟夫大叔发出的第二次邀请至今都没有回音，但是我认为，考虑到有些事情仅需你我二人携我们的参谋人员面谈便可明确决定，所以，即便他依旧拒绝，你我二人仍应进行会晤。去年 7 月，有关“火炬”作战计划的决策有所耽搁，我确信你我二人都想避免此类事情再度重演。

1. 因为天气恶劣的缘故，飞机机翼会结冰，所以我们绝对不能前往冰岛赴会。

2. 出于政治原因，我绝不能前往英国。

3. 如果我国民众发现我飞越重洋的话，举国上下必然会一片哗然。因此，于我而言，我绝对不能前往百慕大和非洲。当然，如果我的出行能绝对保密，且民众在我回来之前都毫不知情的话，那么我同意前往非洲开会——因为理论上来说，虽然公众在事后听闻此事时会吃惊不已，但同时也会感到满意。

4. 如果民众得知我们在西北非会见了我们的军事领袖，那么他们的指责之意就会减缓一点，这就是为什么我认为最好在西北非附近会面，而不是在喀土穆会面。此外，我还能亲眼看看我们的士兵。

5. 顺便一提，这对于我本人而言也大有益处。因为我能摆脱华盛顿的政治气氛两周之久。

6. 因此，我的想法是，如果时机适合，1 月 15 日左右我们可以在阿尔及尔以北或卡萨布兰卡以北会面。这意味着我要在 1 月 11 日左右出发，希望到时候的天气适宜飞行。我可能先从本地出发前往特立尼达，经由该地转至达喀尔，接着继续北上；或者先出发前往纳塔尔（巴西），然后飞越大西洋抵达利比里亚或弗里敦，再从该地继续北上。

7. 既然斯大林不会出席，我们就不需要带上外交事务人员了，因为我们讨论的内容本质上是军事性质的。或许贵国三位参谋长和我国三位参谋长可以先于我们四五天到达，在同一个地方会面，然后到我们抵达时，他们就已经能拟好初步的计划方案了。（比德尔）史密斯将军已于四五天前出发，我命他秘密前往查探有没有绿洲既可供游览，又远离城市和人群。有本字典里讲道："绿洲永远不会完全干涸。"这本旧字典真是妙哉！

8. 如果约瑟夫大叔答应在 3 月 1 日与我们会晤，那么我们还有以下备用方案可用：

我建议你我两国参谋人员与苏联参谋人员在非洲某处，

或者更远一点的巴格达会面，并商讨出某些提议，至少能让我们新军事行动的准备工作得以启动。等到我们三人会晤时，就能解决剩下的问题，并商讨某些战后问题了。

此致最诚挚的问候

您永远的朋友　富兰克林·罗斯福

华盛顿，白宫

1942 年 12 月 14 日

为了节省时间，罗斯福先生将他信件的主要内容先以电报的形式发给我。

尽管斯大林无法与我们会晤，但我认为，我们双方应该立即计划携各自军事参谋人员举行会议。我希望 1 月 15 日左右在非洲与您会面。而且据我了解，卡萨布兰卡稍北有一处地方，既安全又令人满意。让我们双方的军事人员先于我们几天抵达会址，并做一些前期准备工作，这样比较明智。我认为，到时候我们只需要四至五天就能解决所有问题。希望您能告诉我您的意见。

我自然对这个方案感到十分满意，而且我坚信，此次会议必定比纯技术性的专家会议好上许多。我立即复电如下：

前海军人员致罗斯福总统：

对于您的提议，我十分赞同，而且我希望会面时间越早越好。我甚感宽慰。这是解决问题的唯一途径。此次会议只是一次参谋会议，我们将在这一前提下，进行所有的准备工作。我建议把“象征”定为此次会议代号。

1942 年 12 月 21 日

*　*　*

接下来的几个星期，我们的时间都用来起草参谋人员的战局评估报告，以便即将举行的会议使用。不仅有军事战略问题亟待解决，还需要考虑因“火炬”计划引起的北非的严重政治问题，以及达尔朗被暗杀一事。我已获得总统的首肯，指派哈罗德·麦克米伦协助美国驻北非的政治代表罗伯特·墨菲先生，并前往该地研究局势。

与此同时，“象征”行动的准备工作正在顺利开展。

前海军人员致罗斯福总统：

1. 圣诞节当天，我派雅各布准将前往北非，与艾森豪威尔将军和比德尔·史密斯将军就“象征”行动的准备工作进行磋商。雅各布现已发回电报称，他们已找到绝佳住处，而且比德尔·史密斯将军也十分赞同在此地开会，他正要将勘察结果致电给您。

2. 除了接受他们的提议之外，我认为没有其他更好的选择了。而且，由于时间不充裕，我就当您同意了，先开展工作。

3. 我打算让我方代表团中级别较低的军官、密码破译人员、文书事务人员等于 1 月 4 日左右乘英国皇家海军舰艇“伯乐乐”号从英国出发。“伯乐乐”号是一艘装载特殊设备的指挥舰，届时将停泊在港口，作信号船之用。

4. 您建议我们的军事人员应先于我们几天抵达会址，以便先做好一些前期准备。我对此完全赞同，我也会安排英国三军参谋长与美方三军参谋长同日飞抵会址。希望您能将美方人员的抵达日期告诉我。

5. 如能尽快把您的日程告诉我，将会对我拟定自己的日程大有裨益。

6. 对于麦克米伦的任命，我十分感谢。您曾提过艾森豪威尔有最终裁定权一事，对此我十分赞同。

1942 年 12 月 30 日

目前，我和罗斯福总统已经就安全问题进行了数次愉快的信函往来。他提议把自己的代号设为“Q 海军上将”。

前海军人员致罗斯福总统：

您到底是如何想到这样一个令人捉摸不透的伪装的？我建议将您称为 Q 海军上将，而我是 P 先生，这样一来，敌军就更难识破，也能预防有人妄加揣测。

注意——我们一定要留心我们的 P’s 和 Q’s①。

至于戴高乐将军，我认为，待“火炬”计划的相关事宜在“象征”会议上谈妥之后，他再访问美国会更好。

1943 年 1 月 3 日

* * *

参谋长委员会向战时内阁提交了两份报告，这两份报告总结了他们经深思熟虑后制定的关于未来的战略。他们在结论中强调，他们和美国同僚在看法上存在严重的分歧。而这种分歧是关于工作侧重点和优先事项方面的分歧，并非原则上的分歧。事实上，我们即将举行的会议的目的正是让双方达成一致意见。英国三军参谋长认为，我们应采取的最佳政策是：继续深入进行“火炬”计划的同时，尽可能地大规模开展“波莱罗”计划的准备工作，以便开始执行“围歼”作战计划。而美国参谋长则倾向于将我们在欧洲的主力投入到“围歼”作战

① 原文为：“mind our P’s and Q’s”，这是一句俗语，意为“注意言行”，丘吉尔在此用的是双关语。——译者注

计划中，在北非则按兵不动。在第一份报告中，英国三军参谋长就美方建议提出了以下意见：

> 我们认为，我方政策应为：
>
> 1. 竭力扩大“火炬”作战计划的战果，以便：
>
> （1）将意大利彻底击溃。
>
> （2）争取土耳其参战。
>
> （3）绝不给轴心国任何喘息之机。
>
> 2. 加大对德轰炸力度。
>
> 3. 继续给苏联供应物资。
>
> 4. 在上述军事行动容许的条件下，最大规模地开展“波莱罗”计划，如果到时候各种情况显示我们胜利在望的话，我们便能在1943年8月或9月率二十一个师重返欧洲大陆。
>
> 考虑到在1943年夏末我们最多只能集结二十五个师的兵力进攻欧洲大陆，因而我们认为，与专心实施“波莱罗”计划而放弃其他一切军事行动相比，这一政策能直接和间接地更早更多地减轻苏联负担。

我将我们的会晤计划告诉斯大林。他回复道：

> 斯大林主席致丘吉尔首相：
>
> 您与罗斯福总统即将会晤一事，承蒙相告，不胜感激。如能将会谈结果相告，定感激不尽。
>
> 1943年1月5日

我们已做好最后的安排。

* * *

因为许多事情有赖此次会议做出决定，因此我们并非是两手空空前往赴会的。

此时，亚历山大和蒙哥马利已经制定好进攻的黎波里的计划。

亚历山大将军致首相：

1. 考虑到第八集团军的后勤情况，其主力无法在1月14日至15日夜间行军，但蒙哥马利仍想在那晚大举进军。在抵达的黎波里之前，这支军队还会持续激烈作战。

2. 1月4日，因遭遇狂风，班加西地区的船舶与卸船设备受到严重破坏。这可能会导致行军进度耽搁几天，或者使得进军规模缩减。我已询问过蒙哥马利他是否要改变计划。

1943年1月5日

亚历山大将军致首相：

接上一封电报。蒙哥马利原定的进军日期没有更改。

1943年1月6日

亚历山大将军致首相及帝国总参谋长：

作战计划如下：

第三十军将在1月14日至15日晚间进军。第七英国装甲师及第二新西兰师将向塞达达地区挺进。但是，这两支军队可能会遭到来自格达希亚地区的反抗。粉碎当地的反抗势力后，第七英国装甲师将负责开路，继续向贝尼乌利德—塔古纳方向挺进；英国第五十一师将会沿着海岸公路向前进军；而第二十二英国装甲师则负责守卫集团军司令部；届时，英国第十师将不会参与此次战斗。从1月8日开始，我方将对的黎波里及海岸公路的瓶颈地带进行猛烈的轰炸。

第三十军将会携带可供全军行驶约五百英里的汽油，以及可供全军维持十天的口粮和饮用水。弹药部队将备足弹药。一般来说，后勤储备足以提供十日生活之需。第十军则负责协助将补给从托布鲁克运送到班加西。我军抵达的黎波里后，在港口开放之前，我们的口粮将会十分紧缺。每天经陆运供应给第三十军的补给约为八百吨，倘若占领的黎波里后，我军无须在港口畅通前作战的话，这个数量还能满足我军之需。

1943 年 1 月 9 日

如果能占领的黎波里港，那就再好不过了。因为这样一来，第八集团军就能向突尼斯逼近二百英里，这是一个全新的有利因素，对北非战局具有决定性意义。

第八章

EIGHT

卡萨布兰卡会议

飞往卡萨布兰卡——安法郊区——罗斯福总统抵达卡萨布兰卡——艾森豪威尔将军与亚历山大将军参加会议——联合参谋长委员会与联合计划委员会之间的分歧——我与埃克将军就空中堡垒问题进行探讨——邀请戴高乐将军前来参会——严肃的谈话——致敬戴高乐将军——“无条件投降”——“核实你的引文”——“1943 年作战方针”

1 月 12 日，我动身前往北非。此次飞行旅程中发生了一桩令人不安的小插曲。为了给这架“突击队员”号的机舱供暖，工作人员在飞机内部安装了一个汽油发动机，发动机产生的热气将机内各个暖气片加热到极高的温度。凌晨二时，我们的飞机正飞行在大西洋上空，离各处均五百英里，一块暖气片灼痛了我的脚趾，把我给烫醒了。我看这个暖气片似乎快要被烧红了，甚至会烧着地毯。于是我爬下床铺，把正在下边椅子上打盹儿的彼得·波特尔叫醒，让他查看一下这块灼热的暖气片。我们巡视了一遍机舱，又发现了另外两块暖气片也快要被烧红了。接着，我们又去查看下层的炸弹舱（此飞机为改装过的轰炸机），发现两个人正不遗余力地将这个汽油加热器烧旺。无论从哪个角度看，我都觉得此举非常危险。因为暖气片温度过高，可能会引起大火，与空气中的汽油一接触就会立刻爆炸。波特尔也这样认为。我坚信，即使挨冻也比被烧死好，于是我下令关闭所有的供暖设备，然后我们就回去休息了。而此刻，为了保证安全，我们的飞机不得不高于云层之上。因此，在八千英尺的高空中，伴随着冬日冰冷的寒气，我们战栗着入眠。我不得不说，此次旅程令我极为不快。

刚抵达卡萨布兰卡时，我们发现准备工作做得非常充分。安法郊区有一间大酒店，房间十分充裕，足以让全体英美参谋人员入住，酒店还附有宽敞的会议室。酒店周围还有几座零星的别墅，环境十分舒适，是专门留给罗斯福总统、我、吉罗将军以及可能前来的戴高乐将军入住的。整个区域都用铁丝网围起来，并处于美军的严密防守中。我和参谋人员先于罗斯福总统两天抵达。我和庞德以及其他参谋长曾好几次漫步于岩壑和海滩上，我们皆度过了愉快的时光。巨浪汹涌而来，卷起大片大片云朵似的浪花，这样的景象使人难以相信竟有人能成功登陆上岸。海上没有一天是风平浪静的。十五英尺高的巨浪咆哮着冲击嶙峋的岩崖峭壁。难怪如此多满载船员的登陆艇和小船会全部覆没于此地。

我的儿子伦道夫已经从突尼斯前线赶来了。因为有太多的事情需要考虑，一眨眼两天的时间已经过去了。在此期间，参谋人员每天都聚集在一起进行商议，动辄就要数个小时。

*　　*　　*

罗斯福总统于14日下午抵达。我们进行了极其亲切友好的会晤。在这片被我们征服并且解放了的土地上，能够与这位伟大的同僚会晤，我感到十分欣喜。当初总统身边的军事专家都反对攻占这片土地，但是我和他坚持己见，因而我们今天才得以在此地会见。艾森豪威尔将军也在经历了危险的飞行旅程后于次日抵达。他最关心的问题是联合参谋长将采取何种路线，并且与他们保持联系。但是他们的职权远在他之上。一两天后，亚历山大将军也抵达了会址，他向我和罗斯福总统汇报了第八集团军的进展。他声称第八集团军将在不久后攻占的黎波里。总统对他印象极好，也对他个人及其所带来的消息十分感兴趣。亚历山大将军解释道，拥有两支大军的蒙哥马利将军是如何将其中一军的所有交通工具都交由另一军，使其实力壮大起来，进而将隆美尔逐出的黎波里，并驱赶至难以突破的马雷斯边境防线。每个人都为这

个消息感到高兴，而且亚历山大将军平易近人，总是面带笑容，散发着优雅的魅力，让所有人为之折服。他那种不言自明的自信，极具感染力。

我向国内汇报如下：

首相致副首相和战时内阁：

我方三军参谋长们每天都会单方或者与美国同僚们接连召开两至三次会议。他们通过斟酌每一个战场的具体情况，对整个战局加以研究。金海军上将自然地认为，我们首先应该把所有兵力资源投入太平洋战场，而美国陆军和海军当局则坚持在缅甸采取积极行动以援助中国，并于今年年底发动大规模的“安纳吉姆”（缅甸）战役。马歇尔将军也热衷于这一计划，但是除此之外，他似乎着重强调发展“围歼”或是“痛击”作战计划，并不惜以牺牲地中海地区的战役为代价。

另一方面，罗斯福总统强烈支持把地中海战场放在优先地位，我对此感到十分欣慰。他也越来越倾向于启动“哈斯基”计划（西西里），昨晚他向我提议将这一计划称为“腹部”计划，而我则建议称之为“女战神”计划。尽管在参谋会议产生结果之前，我们二人并没有达成明确协议，但我敢肯定，我们在基本问题上的看法绝对一致。

与此同时，在联合参谋会议上我们能明显感觉到，美国人日益倾向于攻打西西里岛而非撒丁岛。这也是我个人的想法。金海军上将甚至言明，如果决定攻打西西里岛，他肯定能找到所需的护航舰只。

沙漠集团军的胜利进军使得地中海的局势发生了决定性的变化。15日召开的会议上，已经抵达的亚历山大将军清晰、准确、自信地汇报了战事进展情况以及下一步计划，给所有与会人员留下了极好的印象。亚历山大将军希望在26日

前攻占的黎波里，并且在3月中旬用六个师的兵力进攻马雷斯防线。人数较少的师可以提早进行部署。因此，再加上安德森的四个师，我们预计第一集团军和第八集团军将有十个英国师的兵力，到时可供争夺突尼斯北部地带的决战时使用。

由于到时美国在突尼斯的兵力不会超过两个师，而法军装备又欠佳，所以我军将以压倒性优势成为该战场的主力。在这种情况下，如果的黎波里的战事进展顺利，并且对的黎波里港的清理工作也不费力的话，那么沙漠集团军士气昂扬地登陆突尼斯战场将对战争胜负起着决定性作用。而英国援军的人数如此浩大，明显提升了我们在最高统帅部的地位。艾森豪威尔的副司令克拉克已被任命为美军第五集团军司令官，因而经帝国总参谋长同意，我昨晚已向总统提议，在恰当时机让亚历山大将军填补艾森豪威尔的副司令这一职位空缺，总统欣然批准。因为任命一名英国军官全权负责突尼斯的所有部队可能会令法国人心存芥蒂，而此举就可以避免这一情况的发生。

我们能在此地会晤，而且亚历山大将军也能参加本次会议，实在是幸运。艾森豪威尔将军即将对斯法克斯发动进攻，这是一次最大胆、最果敢，但也是最危险的行动，因为他打算驻守该地，并依靠马耳他获得部分供给。显而易见，此次行动应该与亚历山大将军的进攻行动步调一致，否则当沙漠集团军在的黎波里按兵不动，依赖那里的港口重新补给汽油和供给之际，在斯法克斯的美军会遭受德军的猛烈炮轰。

因此，我将亚历山大和艾森豪威尔互相引荐给对方，不论是单独会谈还是与帝国总参谋长及马歇尔一同交谈时，两人都相处得非常融洽。后来，他们对彼此都有了充分了解，还约定必要时前去拜访对方。当艾森豪威尔知悉亚历山大所率领的大军实力如此雄厚，并能如此迅速地抵达战场之后，他感到非常宽慰。此外，他也不需要孤军奋战来维持局面了，

现在他需要做的是合理联合双方兵力。四人均认为，只要没什么失误，我们在突尼斯的行动是稳操胜券的。我个人对于此事的进展感到极为满意。

1943 年 1 月 18 日

* * *

我和罗斯福总统都没有出席参谋人员会议，但是我们每天都会接到关于会议情况的报告，也会与我们各自的军官商谈。我们两国之间并未产生分歧，主要分歧存在于联合参谋长委员会和联合计划委员会之间。我个人认为，西西里岛应是我们下一步的作战目标，而且联合参谋长委员会也持相同观点。但是联合计划委员会与蒙巴顿勋爵则认为我们应先攻打撒丁岛，而非西西里岛，因为他们认为这样可以提前三个月开始；蒙巴顿极力游说霍普金斯以及其他人同意这一观点。有联合参谋长委员会做我的坚强后盾，所以我依然坚持己见，应首先攻打西西里岛。联合计划委员会虽然尊重我们的意见，但仍然固执己见，称攻打西西里岛的计划在 8 月 30 日前无法实施。在此期间，我和他们一起亲自核对了所有数据，之后我便和罗斯福总统下令，将进攻的日期定在 7 月月色良好的日子（如果可能的话，在 6 月月色良好的日子进行也可以）。结果，空降部队于 7 月 8 日夜间出动，7 月 10 日早上开始登陆。

* * *

在 1 月，美国驻英国空军司令埃克将军请求与我见面。我们就美军计划用空中堡垒对德军进行白昼轰炸一事进行了讨论。我个人对此计划持怀疑态度。当时，我对要花费如此大的力气进行白昼轰炸感到十分惋惜，而且我仍认为，美军在夜间对德国进行集中轰炸会消耗更多的炸弹，所以我们应该通过科学的方法逐步让轰炸越来越精准，从而降低炸弹的消耗，就像我们后来做到的那样。我将这些想法告诉了埃克。他知道我的看法后，感到十分不安。他非常诚挚地申明了自己的观点，即用飞行堡垒进行白昼轰炸，也指出了他们在英国所做的大量准备，即从美国本土调来大量空军中队，把人力、物力和后备资源集中起来，另外，现在机场的准备工作也做好了。

我在回答中指出，眼下都已经是 1943 年初了。美国人参战也已一年有余。美军一直在英国打造自己的空军力量，但到目前为止，除了大概有那么一次，在英国战斗机的掩护下进行了一次短暂的突袭以外，他们从未使用白昼战术在德国空投过一颗炸弹。一年前在华盛顿，他们还设法让我们相信，美国空军在四五个月内一定会空投大量炸弹，尽管我们因此投入了大量资源，但事实上什么也没有发生。埃克巧舌如簧，以种种借口固执地为自己辩解。他说，他们目前的确尚未给德国以重击，但是只要给他们一到两个月的时间，他们就会投入战斗，而且行动规模一定会越来越大。

考虑到美国为这一行动已经做了大量的前期准备，他们对这一行动也极为看重，我决定支持埃克和他的主张，因此，我改变了主意，还撤回了我反对用飞行堡垒进行白昼轰炸的所有意见。他对此感到非常高兴，因为他担心美国政府已经对白昼轰炸战术失去了信心。但在 1942 年下半年的整整六个月里，他们所做的大量部署和努力竟然没有带来任何成果，也未对德国投掷过一颗炸弹，这实在是太说不过去了。当时在东英吉利已经部署了两万人，并配备了五百架飞机，但是到目前为止，似乎毫无动静。不过，当我改变主意，不再继续追究后，我们之间的关系缓和了许多，而且美国方面的计划也再也没有遭受过英国方面的批判。他们继续执行他们的计划，不久便有所收获。即便如此，我仍旧认为，如果他们一开始就将资金投入到夜间轰炸，我们应该能更早达到对德轰炸的高潮。埃克将军后来曾在许多场合上表示，在飞行堡垒即将大显身手之时，是我力挽狂澜拯救了他们，避免了他们被美国政府抛弃的命运。如果确实如此的话，那么我不再反对他们其实就是在拯救他们。

* * *

接着，戴高乐将军方面又出现了岔子。我当时极其希望他能到卡萨布兰卡来，罗斯福总统也基本上赞同这一观点。我还请求罗斯福总统发电报邀请他前来。但是戴高乐将军为人十分傲慢，屡屡拒绝我们的邀请。然后，我让艾登向他施加最大的压力，甚至告诉他，如果他拒绝前来，我们将极力主张让其他人代替他的职位，即设在伦敦的法国解放委员会主席一职。罗斯福总统的公子埃利奥特·罗斯福在陪伴父亲用餐时听到了几段机密对话，他将其匆匆记录了下来。而后在他的书中看到关于这件事情的叙述，让人感觉十分奇怪。他似乎是在说，总统怀疑是我在试图阻止戴高乐将军前来，并且反对把他叫来。可事实上，是我在向他施加最大的压力，并逼迫他前来。长期以来，这一无稽之谈流传甚广。下面的电报可以用来驳斥这一流言。

首相致外交大臣：

若你觉得合适，请将以下信息转至戴高乐将军：（开头）

我已授权通知您，邀请您前来此地，这是美国总统和我共同做出的决定。

吉罗将军已经抵达会址，他仅携两名参谋军官随行，此刻正在等您前来，我还没有告诉他您拒绝前来这一消息。在我看来，如果您仍然坚持拒绝参会，可能会造成不良后果，对您和您所领导的运动不利。首先，我们即将为北非的战事做出安排，我们原本十分乐意与您磋商此事，但是如果您不能前来，就必须在您缺席的情况下敲定此事。这些安排一经敲定，便会得到英国和美国的支持。

我认为，您拒绝出席我们提议的会议一事，会让您受到公众舆论的谴责，这事也会成为他们指责您的话柄。若您拒绝罗斯福总统此番邀请，那么您近期受邀访美一事自然不必

再提，我为解决您领导的运动与美国之间的分歧而做的努力也就白费了。在您仍担任上述运动的领袖期间，我自然不会在这一方面继续努力。

在您仍任职上述运动的领袖期间，英王政府也需重新审视他对您所领导的运动所持的立场。若您明知后果如何，却仍坚持拒绝这一难得的机会，那么即便您不在场，我们也会尽力把这件事情处理好。会议的大门现在依然为您敞开。（结尾）

您可以对信件内容进行适当修改，只要保证它的严肃性即可。我们的难处在于，考虑到会议的机密性，我们不能越过戴高乐将军，直接要求法国民族委员会命令他参会。这些天以来，我都在为戴高乐将军尽力争取，想方设法让法国各派人士言归于好。如果他拒绝我现在提供的这一机会，那么我认为，只有他卸任自由法国运动领袖一职，英王政府方能继续对此运动予以支持。我希望您能权衡一下，适当向他说明。为了他好，您应该对他当头棒喝，狠狠点醒他才是。

1943 年 1 月 18 日

*　*　*

终于，戴高乐将军于 1 月 22 日抵达了会址。他被领至为他预留的别墅，这栋别墅刚好在吉罗将军的别墅隔壁。他并未打算去拜访吉罗将军，在我们费劲唇舌与他谈了数个小时之后，他才被说服，同意与吉罗将军会面。我和戴高乐将军进行了一次极为严肃的谈话，我明确表示，如果他继续阻挠的话，我们必定会毫不迟疑地与他彻底断绝往来。他的态度非常官方，他昂首阔步地走出别墅，来到花园里。最终，他还是被说动了，同意与吉罗将军进行洽谈。这场谈话进行了两三个小时，想必对他们二人来说一定相当愉快。午后，戴高乐将军与罗斯福总统会面，两人出乎意料地投机，这让我长舒了一口气。罗斯福总统被戴高乐将军“闪烁着智慧的目光”所吸引，但二人还是没有办法达成一致。

* * *

基于当时的事件，我在本书这一部分记录了与戴高乐将军有关的种种激烈言辞。确实，我与他一直争执不下，并曾多次与他产生激烈争吵。但是，我们的关系中存在着一个至关重要的因素。我既不能将他视作投降受俘的法国代表，也不能将他视作真正意义上的有权决定自己未来的法国代表。我知道他对英国并无好感。但是，在他的身上，我却一直能看到流淌于历史长河中的“法国”一词所代表的精神与理念。他的傲慢举止，虽然令我不喜，但我既能理解，也很钦佩。他是一个逃亡者，因在祖国被判死刑而不得已流亡在外，他之所以能有今日，完全依靠的是英国政府的善意，如今美国也成了他的依仗。德国人征服了他的祖国，实际上他在哪儿都没有立足之地了。但是他毫不在意，目空一切，甚至在他举止最为傲慢之时，他似乎也能表现出法国这个国家的民族个性——一个伟大的民族，志得意满，威名远扬且野心勃勃。也有人嘲笑戴高乐将军自诩为圣女贞德①的化身，据说他有位先祖是圣女贞德的忠实拥趸。但在我看来，这并没有看上去那般荒诞可笑。还有人说，戴高乐将军自比为克雷孟梭②，但克雷孟梭远比他睿智得多，经验丰富得多。但是他们二人确实有共同点，都给人留下了“法国人是无法征服的”这一印象。

---

① 圣女贞德（1412—1431），法国军事家，天主教圣人，她在英法百年战争中带领法国军队对抗英军的入侵，最后被捕并被处决，被法国人视为民族英雄。——译者注

② 乔治·克雷孟梭（1841—1929），法兰西第三共和国总理，为第一次世界大战协约国的胜利和《凡尔赛条约》的签订做出重要贡献，被当时欧洲人称为“胜利之父”。——译者注

*　*　*

我向战时内阁作了以下报告：

首相致副首相和战时内阁：

1. 今天下午，我与“Q 海军上将”（总统）召开了全体会议，会上，联合参谋长委员会汇报了当前的工作进度。此次会议令人极为满意。经过为期五天的讨论，其间虽然明显产生过大量分歧，但我现在认为，联合参谋长委员会就 1943 年的作战计划一事已基本达成一致。尽管最后报告尚未出炉，但帝国总参谋长已在会上代表联合参谋长委员会作了汇报，以下便是汇报的要点。双方一致认为我们的联合资源应首先用于确保海上交通安全，并且重申了我们的原则，即必须首先集中力量击溃德国。攻占西西里岛的前期准备工作也将立即开展，以便尽快执行此项作战计划。此外，我们希望在今年年底启动关于缅甸的作战计划。美国方面已承诺负责缅甸作战计划所需的大部分船只和登陆艇的供应，并且这些船只和登陆艇全部由美军驾驶；他们还答应承担起一部分海军掩护力量。关于英国方面，我们将以尽可能快的速度继续执行“波莱罗”计划，以防德国在今年内出现崩溃端倪之时，我们能够发动全部可用兵力执行类似“痛击”计划那样的军事行动，或者全力重返欧洲大陆。在太平洋战场，旨在攻占拉包尔、清理新几内亚的军事行动将会继续展开，以保持主动权并牵制日本。至于以后是否将这一行动推进至特鲁克，我们将在今年年底决定。

对于上述诸要点，“Q 海军上将”与我看法完全一致。

2. 在联合参谋长讨论的过程中，美方代表曾表示担心，一旦德国战败，我国有可能退出战争。得知这个情况后，我

认为，我们要义正词严地表明，此次战事与我们的利益和荣誉息息相关，而且，英国议会和英国人民在全面击溃德国后，将竭尽全力打败日本，这种决心是毋庸置疑的。我还表示，我坚信战时内阁将做好充分准备，与美国就这一点缔结正式协定或公约。“Q 海军上将”并未采纳这一建议，他说他深信英美两国在这件事上是完全一心的。“Q 海军上将”还说，如果可能的话，与苏联签订明确协议倒是十分可取，如有必要，可与苏联签订秘密协议，并在协议中规定，一旦德国战败，苏联将会对日本宣战。

3. 就基本原则达成一致后，联合参谋长委员会接下来就必须用十天的时间来研究各种方法和途径。因为需要完成大量细节工作，所以我认为，他们在接下来的几天内不应该分头行动。无论如何，我们必须在六个月内再召开一次这样的会议。马歇尔将军特别强调了召开这一会议的必要性。

4. 我认为可以在全体会议上提议，在时机成熟时，应让亚历山大担任艾森豪威尔的副总司令，这是提出这一建议的好机会。马歇尔将军与金海军上将也极为赞同该建议。至于任命谁担任空军司令这一棘手的问题，大家也正在积极考虑方案，我确信这一问题也将得到圆满解决。

5. 战时内阁应该知悉，盟国在北非作战之时，坎宁安海军上将做出了杰出贡献，马歇尔将军对此深表钦佩，并要求将该意见正式记录下来。坎宁安领导海军的才能出类拔萃，他的智慧和忠告也令艾森豪威尔将军受益颇多。“Q 海军上将”向陆军上将约翰·迪尔爵士致以由衷的敬意。美方已将他视为英美参谋长在军事政策上不可或缺的纽带。

6. 我们打算起草一份关于会议工作的声明，以便在适当时机通过媒体发表。在此声明中，美国和大英帝国宣布坚决将战争进行到底，直到德国和日本“无条件投降”为止，若能知晓战时内阁对这一声明的看法，我将十分高兴。该声明

并未提及意大利，是故意使然，是为了促使轴心国从内部开始瓦解。总统十分赞同这个主意。此外，此举也能激励我们其他国家的朋友。

7. 会议结束时，我们还需起草一份声明，以向斯大林主席解释说明。我们认为，在此声明中，我们应当阐明英美两国的共同计划，但不作任何承诺。

8. 上述内容是伊斯梅将军根据我的指示拟定的，不仅阐述了我们当前的商谈情况，而且如我的同僚所知，这与我们的共同意愿几乎一致。但是，我们必须得承认，与英国和美国所拥有的强大资源相比，就算将我们所有的军事行动加起来，其规模也实在微不足道。若是与苏联做出的巨大努力相比，那就更不值一提了。我认为总统与我的看法一致。因为就在昨天，霍普金斯还与我谈过此事，他的原话是：“尚可，但是还不够。”就算将我们在海上和空中所做的巨大努力考虑在内，我依然深有感触，因而在之后的会议日程里，我们必须致力于研究如何令我们的打击更具有杀伤力。

1943 年 1 月 20 日

*　　*　　*

读者应该已经注意到上述电报的第六点，总统在媒体见面会上使用了“无条件投降”一词，而这一措辞引起了一些问题，这些问题在这本书里还会出现，人们也必然会长期争论不休。英美两国皆流传着一种看法，认为这一措辞不仅延长了战争，还会令敌国民众和军队拼死战斗到底，而这正中独裁者们的下怀。我本人不同意这一点，至于原因，我将会在这本书里谈到。然而，由于我个人的记忆在某些方面出现了偏差，所以我还是根据我所做的记录如实叙述为好。埃利奥特·罗斯福在他的书中断言道，总统在我们的一次晚宴上使用了这一措辞。据他所说，我当时“想了想，皱了皱眉，又沉思了片刻，最后露出了笑容，终于说‘妙极了’”；他还写道，“那天晚上最后一次举杯祝酒时，丘吉尔先生的祝酒词是‘无条件投降’”。可我对这些私下的、非正式的交谈并无印象，在当时的情况下，谈话比较随意，我们也都毫无防备。但是，我和总统的正式会谈中一定出现了这一措辞，因此才有了上述电报的第六点。

根据战时内阁的记录，这一措辞是在1月20日下午举行的战时内阁会议上提出的。但是讨论的方向似乎变了，当时所讨论的并不是“无条件投降”原则，而是将意大利排除在外一事。因此，1月21日，战时内阁便向我发来了以下信息：

> 副首相及外交大臣致首相：
>
> 内阁一致认为，将意大利排除在外的话，弊大于利，因为此举必然会让土耳其、巴尔干诸国以及其他各地起疑。我们也相信，这样做对意大利也并无好处。如果让意大利人知道他们已经大难临头，那么他们的士气将会被挫败，这样一来，一切将对我方有利。

诚然，我的确曾将正在起草的联合声明中的“无条件投降”这一措辞告诉战时内阁，而他们也没有提出任何反对意见。恰恰相反，他们只希望不要将意大利排除在外。我并不记得，也没有记录可以证明，在收到战时内阁的电报后我与总统就此事进行了商量。也许是事务繁忙之故，尤其是考虑到吉罗将军和戴高乐将军之间的关系，以及和二人面谈的原因，我们就再也没有提及此事了。在此期间，我们的顾问和参谋长正忙着起草正式联合声明。这份声明字斟句酌，措辞严谨，我与总统二人审议过后，决定批准通过。看来，大概是当时我不喜欢将“无条件投降”这一措辞用于意大利身上，所以便没有与总统再提及此事，但对于我们同各自顾问一起拟好的公报，我们二人皆无异议。这一公报并未提及“无条件投降”。之后提交该公报至战时内阁，内阁也就按照这个形式予以了批准。

在1月24日举行的记者招待会上，罗斯福总统称，我们将迫使所有敌国“无条件投降”，当时听到此话，我有些惊讶。我还自然而然地以为，双方皆已达成一致的公报已经取代了之前所有的商谈。伊斯梅将军也感到十分惊讶，因为他不仅知道我的确切想法，而且在起草这份公报期间，他出席了联合参谋长委员会的所有会议。继总统发言之后，我也发表了谈话，我当然表示支持他，并且同意他所说的一切。此时此刻，在这样的场合，但凡我们二人之间有任何分歧，即使是一时的疏忽，也会破坏甚至危及我们两国为战争所做的努力。我当然要与战时内阁一同肩负起责任。

但是，总统似乎确实对霍普金斯说过以下这段话。

> 为了劝和这两位法国将领，我们颇费周章，在我看来，这就好比安排格兰特和李①会谈那样，简直是难乎其难。后来，记者招待会突然召开，温斯顿和我都无暇准备，但是我突然灵光一现，他们总把格兰特称为“资深无条件投降者”，于是，我也回想起我曾经说过这样的话②。

我认为，虽然他的发言里出现了这样的字眼，但这丝毫不影响他的真诚。

对战争的回忆也许清晰而真实，但是不经核实，就绝不会令人信服，尤其是一系列事件发生的先后次序。关于“无条件投降”这一事件，我确实发表过一些错误的声明，因为我当时并未查阅记录，只是根据当时自己所想、所相信的事情直抒胸臆罢了。我并不是唯一一个记忆出现偏差的人，1949年7月21日，贝文先生向下议院做报告时说道，由于“无条件投降”方针，战后德国的重建工作十分棘手。据他称，当时并没有人就此方针与他或者战时内阁进行商讨。我当场就做

① 美国南北战争时北军总司令和南军总司令。——译者注

② 参阅舍伍德的《罗斯福与霍普金斯》。

出了回应，虽然我们二人都不太清楚，但态度均十分诚恳。我说，我第一次听到这一措辞是在卡萨布兰卡的记者招待会上，当时是罗斯福总统亲口所讲。直到我回到家，查看了我的记录，我才了解到事实如本书所叙述的那样。这让我想起了一位教授，在他弥留之际，他那些忠心耿耿的弟子们问及他最后的忠告是什么，他答道："核实你的引文。"

* * *

"无条件投降"这一措辞的使用，虽然在当时广受追捧，但之后便被各界权威人士诟病，说是英美战时政策的一大严重失误。此时此刻，我需要对此事进行澄清。有人说"无条件投降"方针延长了战争时间，也令战后的恢复工作更加棘手。但我认为这并不属实。1943 年 6 月 30 日，借着在伦敦市政厅发表演说的机会，我说：

> 我们同盟国要求纳粹、法西斯主义以及日本的专制政权无条件投降。我们的意思是，我们必须彻底粉碎它们的反抗意志，它们必须绝对服从我们的一切安排。这也意味着，我们必须采取一切有必要的长远措施，以防它们诡计多端，居心叵测，发动残暴的侵略行动，从而再度令世界陷入剧烈的动荡之中，甚至分崩离析，暗无天日。但这并不意味着，也绝不会意味着，我们将失去人性，任凭复仇的强烈欲望行事，而令我们胜利的武器蒙上污点；也不意味着我们不会规划这个世界。我们要建立这样一个世界，不同种族的每个家庭都能享受到美国独立宣言中所声称的"生命权、自由权以及追求幸福的权利"。

罗斯福总统在 1943 年 12 月 24 日也曾说过：

> 同盟国绝无奴役德国人民的打算。我们希望，他们能拥有正常的机会，在和平的环境中谋求发展，与其他欧洲大家庭的成员一样，能有所作为，且获得尊重。而我们特别强调“获得尊重”一词，是因为我们打算彻底肃清纳粹主义、普鲁士军国主义，以及他们所谓的“优越种族”这一荒诞且极易导致灾难性后果的观念。

经常有人极力主张“无条件投降”以外的媾和条约，但我一直以来对这种主张持反对意见，主要是因为如果同盟国三巨头坚持，而且是迫于舆论压力不得不坚持的某些具体投降条件，远比“无条件投降”这一概述更令德国国内的媾和运动排斥。我曾数次试图起草媾和条件，以消德国征服者们的心头之恨。但是，当这些条件变成白纸黑字之后，实在是糟糕透顶，而且现实中也很难实现。若将这些条件公之于众，只会激起德国人的反抗之心。事实上，将它们写出来也只会成为一纸空文。

当苏联人在德黑兰向我们表明态度以后，1944 年 1 月 14 日，我曾就这一点向我的同僚们递交过一份备忘录。

> 所谓“无条件投降”，是指德国人无权享受任何特殊待遇。例如，《大西洋宪章》作为一项权利，并不对德国适用。战胜国有权按照自己的意志，选择是否履行人道和文明意义方面的义务。
>
> 问题是，我们现在是否应该更进一步地明确具体的投降条件。在确定更为确切的声明是否会诱使德国人投降之前，我们最好先观察一下德国的实际命运究竟会走向何处。
>
> 第一，他们将被彻底解除武装，并被完全剥夺重新武装的能力。
>
> 第二，他们将被禁止使用一切航空工具，无论是民用还是军用，一概不许使用。他们也将被禁止学习飞行技术。

第三，大批被指控犯有罪行的人员将被移交至其犯下罪行的国家接受审判。斯大林主席在德黑兰提到，他必定会要求至少四百万德国人到苏联工作多年，以重建他们被德国人毁坏的家园。我深信不疑，苏联人会坚持要求德国人交出大量的德国机器设备，以超额补偿苏联损坏的设备。而其他战胜国也很有可能会提出相似的要求。鉴于大量法国籍、意大利籍、苏联籍的战俘和被拘留者曾受到虐待，德国得到这样的处置似乎也并非不公平。

第四，据我所知，英国、美国以及苏联政府已达成一致，确定将德国划分为几个独立国家。东普鲁士和奥德河以东的领土将不再隶属于德国，当地人口也将迁走。普鲁士本身的领土也将被分割，其面积将缩小。普鲁士对鲁尔和其他的煤炭及钢铁中心的控制权也必须被剥夺。

第五，必须彻底解散德国军队的核心——总参谋部，苏联人可能会要求将大量德军总参谋部的人员处以死刑或长期监禁。我自己本想公布一份名单，列出五十到一百多名最臭名昭著的战犯的名字，目的是把德国广大群众和将被盟国处以极刑的战犯区分开来，这样也可避免大屠杀性质的事情发生。此举势必能让德国普通民众安心。但是在德黑兰会议上，这些提议却被认为太过仁慈，尽管我并不确定斯大林元帅在说这些话时究竟有几分真心。

无论如何，上述已足以说明，将德国未来的遭遇坦白铺陈开来，并不一定就能令德国民众安心，说不定“无条件投降”这种骇人却又含糊的措辞反倒能令他们更安心一些，况且之前总统发表的声明已经让这一措辞的骇人程度有所缓和了呢。

最后，1944 年 2 月 22 日，我对下议院说道：

> “无条件投降”这一措辞并不意味着德国人民将被奴役，也不意味着这个民族将被灭亡。但是，这一措辞意味着盟国在受降时不会受到任何条约或义务的约束。例如，不存在《大西洋宪章》这一项权利对德国同样适用的问题，也不存在敌国不得转让或调整领土范围的问题。我们也绝不承认德国人在第一次世界大战后使用的那一套说辞，说什么他们之所以投降，是因为威尔逊总统的“十四点计划”。“无条件投降”意味着战胜国可以全权处理战败国。但这并不意味着盟国有权肆意妄为，也不意味着盟国希望直接将德国从欧洲国家中除名。如果说我们是受到什么约束的话，那就是我们的良知被文明约束着。这就是“无条件投降”的意义。

在战争的最后几年，德国人对此概念并没有产生任何误解，这一点无可争辩。

*　　*　　*

最后，联合参谋长委员会对各项主要问题进行了为期十天的讨论后，终于达成了一致意见。我与总统每天都会询问他们的工作进展情况，并对他们的工作一致表示赞同。联合参谋长委员会最终决定，我们应集中沙漠集团军和英国所有可用兵力，以及艾森豪威尔的军队，全力攻占突尼斯。同时，让亚历山大出任艾森豪威尔的副手，实际负责指挥所有的行动。此外，还任命坎宁安海军上将为海军作战指挥官，特德空军中将为空军作战指挥官。显而易见，如果第八集团军成功地带着六到七个师抵达战场，再加上安德森将军率领的英国第一集团军的四到五个师，英国将拥有十二个师的兵力，相比之下，美军因需要驻防摩洛哥和阿尔及利亚，仅能匀出三到四个师的兵力用于突尼斯城的决战。两年后，马歇尔在马耳他告诉我，在突尼斯城一役中，尽管英国师的数量占大多数，但我们并没有要求艾森豪威尔将指挥权移交给一名英国指挥官，这让他感到十分惊讶。而我从来没有考虑过这一点。因为这完全背离了我与罗斯福总统进行合作的基础。至于艾森豪威尔和亚历山大之间的关系，将会在之后提及。这两位皆是大公无私的人，彼此坦诚相待。艾森豪威尔将战役的指挥权全部交给了亚历山大。

* * *

现在，本次会议已经接近尾声了。1 月 23 日，我们与参谋长们举行了最后一次正式全体会议。会上，参谋长们向我们递交了关于“1943 年作战方针”的最终报告。报告内容可概括述如下：

> 同盟国的物资仍应该首先用于击败德国潜艇。为了支援苏联军队，应尽可能地向苏联多运送一些供应物资。
>
> 欧洲战场的军事行动规划如下：同盟国将尽最大可能发动一切可用兵力，旨在完成于 1943 年击败德国这一目标。
>
> 进攻行动的主要作战方针如下：
>
> 地中海方面：
>
> 1. 攻占西西里岛，目的在于：
>
> （1）使地中海地区的交通线更为安全。
>
> （2）分散德军对苏联前线的压力。
>
> （3）向意大利施加更大的压力。
>
> 2. 设法制造一种局势，令土耳其加入我方作战，积极参与作战。
>
> 英国方面：
>
> 1. 向德国发动最猛烈的空袭，打击德军势力。
>
> 2. 在现有水陆兵力允许的情况下，采取局部进攻行动。
>
> 3. 集结最强大的兵力，随时准备在德国的抵抗减弱到适当程度之时，立即重返欧洲大陆。

> 太平洋和远东地区的军事行动将继续进行，目的在于持续向日本施压，并在德国战败后立即对日本发动全面进攻。联合参谋长委员会认为，这些作战行动必须有度进行，不得危及同盟国于1943年利用一切良机彻底击溃德国的能力。在此前提下，重夺缅甸的筹划和准备工作将在1943年开始进行。倘若时间和资源允许，在不影响“安纳吉姆”计划的情况下，进攻马绍尔群岛和加罗林群岛的计划也将在那时开始筹划和准备。

这一作战方针是我们和专家顾问逐步制定出来的，在批准这一方针的同时，我和总统还向各自的参谋长委员会写了一封信，其内容如下：

> 联合参谋长委员会充分研究这些问题后，草拟了这份报告，罗斯福总统和丘吉尔首相欣然给予批准，并强调在所有筹备工作中，都希望能坚持以下要点：
>
> 1. 希望能够想尽一切方法，让W. J. 运输船队①即使在“哈斯基”作战计划期间也能继续工作。
>
> 2. 急需派遣空军增援陈纳德将军在中国的部队，并物色人员前往增援，以保证飞机的充分运作。
>
> 3. 在6月份月色正好的日子里，我方攻打西西里岛不但占据优势，而且意义重大。如果在夏季按兵不动，将严重损害我方利益。
>
> 4. 为了充分利用8月的良好天气状况，以某种形式发动“痛击”作战计划，我们需要迅速在英国建立一支美军部队。为了实现这一目的，不仅需要重新彻底检查初始作战装备和每月维护情况，还应该根据发动进攻当日可能出现的战况，

① 温斯顿—约瑟夫（Winston - Joe）的缩写。

调整从美国运往英国的物资与人员的优先顺序。

* * *

最后，于24日上午，我们二人出席了记者招待会。我们有意让戴高乐将军和吉罗将军坐在同一排，我和罗斯福总统分别坐在他们旁边，将他们间隔开来。我们还强行让他们在所有记者与摄影师面前公开握手。他们的确照做了，即使在当时那种悲剧的时代背景之下，看到他们握手的照片，仍然让人忍俊不禁。我和罗斯福总统在卡萨布兰卡一事一直处于严格保密当中。所以，当报社记者看到我们二人的时候，他们简直无法相信自己的眼睛，而当他们得知我们已经在此地待了将近两周，他们连自己的耳朵也不敢相信了。

我们大费周章地强迫戴高乐和吉罗二人“成婚”，或是说这是一场“持枪逼婚”（这是美国人的说法）。之后，总统向记者发表了讲话，我也对他的讲话表示了支持。

* * *

罗斯福总统准备动身离开。但我对他说：“您千里迢迢来到北非，可不能连马拉喀什都不去逛逛。我们去那边待两天吧。当您看到那白雪皑皑的阿特拉斯山的落日时，我定要与您共赏这美景。”我也是这样劝说哈里·霍普金斯的。马拉喀什恰巧有一处非常可爱的别墅，之前我并不知晓，这是美国副领事肯尼斯·彭达先生从一位美国女士——泰勒夫人那里租来的。我与罗斯福总统可以住在这幢别墅里，别墅外还有足够的地方容纳我们的随行人员。所以我们决定前往马拉喀什。我和罗斯福总统共乘一辆车，车子行驶了一百五十英里，穿越了沙漠，我感觉沙漠开始变绿，终于到达了这块著名的绿洲。我把马拉喀什称为“撒哈拉中的巴黎”。整个20世纪以来，来自中非的商队不惜向沿途山区的部落缴纳高额税费，之后还在马拉喀什市集遭遇诈骗，也要

在此地享受灯红酒绿的生活，这是他们的心头所好。当地有占卜师、耍蛇人，多种食物和饮品，还有非洲大陆最大也是组织最为规范的风月场所。这些勾栏院自古以来颇负盛名。

我们两人一致决定，由我准备午餐，因此，汤米就负责主持此事。我和罗斯福总统一起坐了五个小时的车，我们谈了许多公事，但也谈到了一些较为轻松的话题。数千名美军驻扎在公路沿线，负责保护我们的安全，飞机也一直在我们头顶上盘旋。傍晚时分，我们抵达别墅，还受到了彭达先生热情的款待。我带着总统来到别墅的塔楼。他是坐在椅子上被人抬上去的，我们在那儿欣赏了白雪皑皑的阿特拉斯山的日落美景。我们十五六个人非常愉快地共进了晚餐，所有人都唱了歌。我唱了首歌，总统也在一旁与我合唱，总统一度想要独唱一曲，但是被人打断了，所以我还从未听过总统的独唱。

25 日这天一大早，我这位杰出的战友便启程前往拉各斯和达喀尔，接着飞越大西洋抵达巴西，再飞往华盛顿。前天晚上我们就已经互相道别过了，但是这天早上，他即将出发前往机场的时候，又来和我再次话别。我当时还躺在床上，但是我不忍心让他独自前往机场，于是我便起床，穿上我那件带有拉链的衣服，仅仅趿了双拖鞋，就这么衣冠不整地与他一起乘车前往机场。登机之后，我看着他舒舒服服地安顿好之后，一面十分钦佩他身体不便还远道而来开会的勇气，一面又不禁对他旅程中即将遭遇的凶险而捏了一把汗。在战时，乘飞机旅行应是理所当然之事，但我依然一贯将其视作危险的旅途。幸好总统一路顺利。之后我便返回了泰勒夫人的别墅，在那里又待了两天，与战时内阁通信讨论我接下来将采取的行动，还在塔楼上画了一幅画，这幅画是我在战争期间的唯一作品。

附　录

首相以个人名义发出的备忘录与电报

1943 年 3 月

首相致帝国总参谋长和陆军情报处处长：

1. 我已要求将主计大臣对德国陆军实力估计的附加说明送来。看来我们意见一致，但是我想知道，你们是否还有别的看法。

2. 这些数据十分重要，而且现在我们应当看看，如何才能让它们与美国方面的意见相一致。我们也应当告诉苏联人我们的见解。

3. “师”这个字成为绊脚石，不能再作为不同国家之间的计算标准。照我看来，说明战斗人数，包括参加战斗的人数和总数与说明师的数量同等重要。

1943 年 3 月 1 日

首相致陆军大臣：

关于安葬军人的费用，我同意副首相的备忘录。不管是士兵还是军官，让所有军人的葬礼都在尊严和光荣的基础上举行，我想你定会同意这一做法。

请告诉我更合乎时代精神的修正建议。我将会携财政部助你一臂之力。

1943 年 3 月 2 日

首相致伊斯梅将军，转参谋长委员会：

请照你的提议进行，但应了解清楚，军事当局在他们负责的方面必须有所收敛。我们所有的军事计划都因过分求稳而受损。“安纳吉姆”作战计划的要求总的来说是过分了。作战计划不像建一座桥梁那样一想就能想得出来；稳不是必须的，而且创造能力、随机应变以及智力必须在其中发挥作用。我极不满意印度战役的进行方式。东方那种无可救药的意志消沉已不知不觉控制了所有的司令官。同样，“哈斯基”作战计划也是在总体过分要求的基础上进行的。

我们应当让那些司令官们感受到，如果他们要分享胜利的荣誉，本人必须对胜利做出贡献。英美军队凡是过分注重作战计划的安全因素的，就无法进行任何形式的进攻性战斗。在即将来临的六个月或八个月中，英美军队大约只会和六个德国师周旋。我们现在已经弱小到如此地步，而这也是你们应积极努力改正的方面。

1943 年 3 月 3 日

首相致军事运输大臣：

你部送来的这份关于禁止铁路运输花草的备忘录确实不是我想要的。我要求你们做出一些努力，用花草来缓和一下战争的气氛，而你部对此事表现出来的观点不合时宜。现在有什么不同之处？去年又做了什么？

1943 年 3 月 3 日

首相致伊斯梅将军，转参谋长委员会：

今年大半年中，在斯大林与一百八十五个德军师交战时，英美陆军仅与十二个左右的德国师交锋，因此我深感英美贡献微薄，如此我不应要求斯大林让我知晓他的作战计划，以免招致某种责难。

1943 年 3 月 4 日

首相致生产大臣：

很高兴你能在1943年的上半年每月削减二十万吨的原料消耗的情况下，而没对战争所做的努力产生严重影响。头三个月，美国的援助极为短缺，导致我们的储备严重下降，让我们不得不在最低限度内减少消耗。因此，我希望你就增加这些削减的可行性进一步开展你所允诺的调查研究。请提交一份报告给我。

1943年3月4日

首相致海军大臣和第一海务大臣：

得知我们的运输船队在好望角的海面上再次遭遇不幸，我十分震惊。我以为你们已在该区域做了安排，并已仔细研究过一切。现在我们已损失四万吨船舶。在这条航线上我们无法承受类似的损失。我知道，有十五艘或十六艘反潜快艇和扫雷拖船已由加拿大抵达。东方舰队下属的驱逐舰身在何处？它们是否也同该舰队一样无所事事？这是一场极为严重的灾难。

1943年3月5日

首相致陆军大臣、枢密院长、劳工大臣和内政大臣：

国民自卫军的未来

为避免大家和陆军因认为入侵的危险已有所降低而放松警惕，因此保留了一百八十万人每月四十八小时操练和放哨的义务，你们绝对不能低估这一沉重的负担。不管怎么说，这种额外的义务确实减少了每个人的生产额。一百八十万人每月四十八小时的工作时长就等于三十五万个全职工人的工作时长。

在这种情况下，应当指示司令官不要坚持进行太多令人精疲力竭的操练，“放归”大批达到熟练程度的人，尤其是那些从事农业或工业生产的人。假如战略情况有所改变，增加操练的强度也很容易。

1943年3月5日

首相致军事运输大臣：

关于花草运输一事，非常感谢你的帮助。

1943 年 3 月 5 日

首相致陆军大臣、空军大臣和国内安全大臣：

烟幕

我听国内安全大臣说，有言论说为了节约人力，可以在国内减少烟幕。既然我们为防御夜间轰炸机侵袭而维持了一支英国防空委员会的精兵，那么减少使用这种相对经济的防御方式似乎有些遗憾。

我本以为，由于一切装置皆可利用，可以不费太多人力管理烟幕。据陆军部统计，目前雇用的全职工人为九千人。我知道，放烟幕的工作平均算下来每月大概只有六个夜晚。当然，除部分致力于该项工作的核心人员外，其他所有工作人员是可以兼任其他职务的，不必为这一项工作单独委派数千人。请告诉我你们的建议。

1943 年 3 月 6 日

首相致枢密院长：

运输花草

你们不同意任何有关用火车运送花草的解禁办法，这让我很苦恼。我承认，在当前情况下派专车运送花草并不合乎情理，但我们确实能够在派专车和完全禁运之间找出折中的办法。

如果你们能立即考虑做出安排，在不损害战争用途的情况下，在有限的运输能力中适当地匀出运力来运输花草，并在顾及强压在旅客身上的困难和限制的情况下，在养花人之中公平分配，我将十分欣喜。如此一来，大量花草有了合法的销路，可以运到我们的大城市来了，而且黑市的诱惑便会减少。

我确信，这种办法可以和我们的运输情况的其他方面的改进联合起来加以考虑，因为气候已经转暖，这种改进已成为可能。

1943 年 3 月 6 日

首相致第一海务大臣：

上次你是如此善意地做了安排，让驱逐舰运了一些红十字会的备用品前往摩尔曼斯克。这是如何安排的？是否引起了麻烦或危险？能否再运一些？

1943 年 3 月 7 日

首相致伊斯梅将军，转参谋长委员会，致联合作战部司令，并致运输总监：

在平坦海滩上建设活动码头一事过于疏忽。各式各样的拖拉试验最终让我们毫无收获。自我催促制造几英里长的码头以来，到目前已将近六个月了。你们是否曾咨询过杰弗里斯准将的意见？执行“哈斯基”作战计划的条件比在英吉利海峡执行该计划容易得多，你们对此有何建议？我之前一直希望通过迅速建造这种码头来减轻登陆艇紧张的情况。而我现在十分失望。

请将建筑四英里长的码头计划交给我，以便准备好加入“哈斯基”作战计划，且不会妨碍“痛击”作战计划需要用的码头的建设工作。

1943 年 3 月 10 日

首相致海军大臣：

我当然对在好望角海面上再次发生损失惨重的船舶沉没事件感到难过。我深知海军部正一如既往地全力以赴。

我希望在 3 月底地中海会对所有船只开放，除运载军队的船只外，绕道好望角的运输将会缩减至最小比例。

1943 年 3 月 10 日

首相致空军大臣和空军参谋长：

我在阿尔及尔同艾森豪威尔将军协商，在美国飞机的代号后面应写上它们的名字；我的想法是在实际工作中名字终将取代使用不便的

代号，因为代号难以记忆，并且在掺杂了其他数字的电报中容易让人混淆。艾森豪威尔将军立即按照大意下达了命令；你们将会看到，在所有美国的通讯中这些命令是如何严格执行的。

我也已经要求过，应在我们这里实行同样的办法。请你们注意这两件遗漏的事项，采取措施防止此类事项再度发生。同时，请你们好心告诉我，B. 25s 和 P. 40s 分别指的是什么。

1943 年 3 月 13 日

首相致陆军大臣：

前几天，霍德勋爵告诉我关于精神病学家的工作。我当时询问道，这方面的专家有多少人，在陆军中维持他们的开销是多少。霍德勋爵告诉我说，现任陆军部高级副官负责北部战区，该地因神经机能方面的病症而退役的人比陆军其他地方的人都多。他还提到，高级副官——我想是在他负责北部战区期间——要求询问每个新兵“他入伍时有几分是出于自愿”。是否确有此事？鉴于我们目前实行征兵制度，我很难想象还有什么比这一问题对士气更具破坏性。

1943 年 3 月 13 日

首相致陆军大臣：

关于团的番号，我准备在原则上接受你的提议，而且应立刻下令，以便可以提早公布团的番号。不必等到所有番号都拟好之后才公布。应当先行拟定作战的步兵部队的番号。

1943 年 3 月 13 日

首相致空军大臣和空军参谋长：

本周，飞机生产部交出了九十五架重型轰炸机，包括“斯特林”式、“哈利法克斯”式和“兰开斯特”式飞机，这一数字创造了纪录。可否请你确切告诉我：你将如何安排这九十五架飞机？它们会被送到哪里去？

在举出这样的实例时，人们可能会找到为何我们的轰炸机中队并未随飞机产量的增加而迅速增加的原因。

1943 年 3 月 15 日

首相致伊斯梅将军，转参谋长委员会，并致奥姆·萨金特爵士：

南大西洋的船舶沉没事件再次将亚速尔群岛的问题摆在了我们面前。你们知道，总统非常渴望在该处建立同盟国的控制权。目前看来，这样的事件很难把德国人引到西班牙来。既然艾登先生此刻正在华盛顿，在该处讨论此事正是时候。

1943 年 3 月 16 日

首相致伊斯梅将军，转参谋长委员会：

我正在考虑请求总统派马歇尔将军前往北非一事，如果总统同意，我会提议在帝国总参谋长康复之后，与他一同前往。或许应当将这次旅行推迟到占领比塞大之后再进行，我仍旧希望在 4 月底前占领比塞大。

另外，关于艾森豪威尔将军的电报和亚历山大将军的意见，我认为将英国军队和美国军队混杂在一起反而没有好处。最好将他们分派在不同地区，如此一来，只要最高统帅是一位美国将军，就不会产生互相责难的问题。这遵循“距离产生美”的普遍原理。

我深信我定能说服新西兰政府同意新西兰师加入“哈斯基”作战计划。关于“哈斯基”作战计划，我们已经向他们说过什么？如果有人为我拟好草稿，我已准备发一封电报给弗雷泽先生。

1943 年 3 月 22 日

首相致内政大臣：

两年前，我曾询问过你有关普利斯亲王的事，当时你把他关在了布里克斯顿监狱里。现在他已经在那里待了整整三年。他在法律上是波兰籍。他的母亲是一名英国女性。我知道他并没有从事任何破坏活动，是无罪的。如果你让我看看有关他的全部卷宗，我会十分高兴。

之后我们可以谈一谈。

1943 年 3 月 22 日

首相致农业与渔业大臣：

1. 你说你和主计大臣将会就鸡和鸡蛋的数量努力达成协议，或无论如何都会说清观点的不同之处，我认为我们已就此事达成默契。但我却再也没有听说过此事。因为我在这一问题上有着坚定看法，所以我打算在适当的时机在内阁会议上提及此事。因此，请在本周内将你们探讨的结果告诉我。

2. 如果你和粮食大臣能就下列建议作一份报告给我，我将十分高兴。假设我们准许在一部分面包（不超过百分之十）的面粉中掺入不超过百分之五的马铃薯粉，这对于节约船舶吨位会产生多大作用；现在混在我们面包中的麸皮和其他渣滓有多少可以留作鸡饲料？我非常遗憾，面包中掺杂马铃薯粉的试验被放弃了。当然，在面包中掺杂最多百分之五的马铃薯粉，似乎比那些现在出售的供普通消费的面包更可口些。如果能仔细研究此事，我会很高兴。

3. 乡间现仍有许多人在用面包喂养饲养的小鸡，这种面包仍旧不是配给的。乍一看，这种做法似乎并不经济，而且我认为，进一步分配鸡饲料会比继续用昂贵的食物，即那些为人类消费的食物来喂养小鸡要更好一些。

1943 年 3 月 22 日

首相致生产大臣和公共工程大臣：

请告诉我，你们修复遭受雷电轰击的房屋的情况如何。

1943 年 3 月 22 日

首相致伊斯梅将军转参谋长委员会：

因为要按月圆月缺的变化制订执行“哈斯基”作战计划的日期，所以情况发生了变化。延期到 7 月 10 日执行仅是推迟了两周时间，而

并非是一个月。假如能对选定在新月期间发动计划做出解释，我们可能要接受这番变动。顺便说一句，如果选定7月10日发动进攻，那么我们就更有机会再一次派遣W.J.运输船队，而且，现在确定最后一次派遣船队的日期5月7日也可以延迟到5月22日。

除等候艾森豪威尔将军对于因月亮而改期做出解释外，此刻无须采取任何行动。

1943年3月25日

首相致财政大臣：

1. 请告诉我，如果在当前基础上强制执行一项高于一切的条款：不管所得税和特别附加税的税率如何，每镑总是给纳税人留下五先令，那这对税收而言将会有多大损失。我仅是为搜集情报而问及此事，无意在战时采取行动。

2. 军人储备金的确切情况如何？前几天我在一份报纸上读到一则报道说，军人储备金仅相当于十一镑四先令。但是我从你处了解到，你的方案确保他们享有同工资较高的军火工人储备金相等的数额。

1943年3月27日